「昭和鹿鳴館」と占領下の日本

ジャパンハンドラーの源流

山田邦紀+坂本俊夫 著

現代書館

はじめに

坂本俊夫

昭和二十（一九四五）年八月十五日の終戦から始まった日本の混乱。本書ではその一面を描いていく。

ＧＨＱの占領下、いろいろな人物がその時代を背負う形で登場し、ある者は歴史に名を残し、ある者はその表舞台から消えていった。

そんな中、ほんの一瞬だが、戦後史において光芒を放ち、いい悪いは別として、一定の役割を果たしたにもかかわらず、歴史の闇に埋もれてしまった存在がある。戦前から軍部の仕事を請け負っていた、重量物運搬業などを主な仕事とした大安組《だいあん》の安藤明であり、彼がつくった、「昭和鹿鳴館」と称される「大安クラブ」である。

八月三十日、連合国軍最高司令官ダグラス・マッカーサーが神奈川県の厚木基地に降り立つが、これを可能にするため、戦闘機の残骸で埋め尽くされていた同飛行場の整備に尽力したのが安藤であり、彼が動かなかったら、ＧＨＱとの間にひと悶着あったかもしれないし、米軍主導の日本占領が遅れ、その間にソ連の触手が日本本土にも達していたかもしれないのだが、今日、それを知る人は少なくなっている。

また、当時の多くの日本人が、天皇が戦争犯罪人として裁かれ、天皇制がなくなるかもしれないと危惧する中、安藤明は、自身の財力を背景に、お世辞にも真っ当な手段とは言えないやり方でGHQの高官を籠絡し、天皇制護持に奔走、同時に政界や皇室にも暗躍したのであるが、その活動も今日、忘れ去られている。

彼の活動は徒労に終わった面もあるが、戦後の日本で何らかの意味があったことも確かである。このような彼の足跡を絡めつつ、終戦直後の日本を見ていくのも、「昭和」が遠くなった今、無駄ではないと思う。

ただ、本書は安藤明の評伝ではない。あくまで戦後の混乱期を舞台にした一幕の登場人物の一人として取り上げるのである。

「昭和鹿鳴館」と占領下の日本＊目次

第三章　安藤明の登場——74

【凡例】

❖引用文中の著者による補足は［　］とした。

❖時代性を考慮し、引用文中、一部ルビを付した。

第一章　木更津を飛び立った緑十字機

日の丸のない「一式陸攻」

昭和天皇が終戦の詔勅を発し、日本が無条件降伏したことを自らの声で国民に告げたのは昭和二十（一九四五）年八月十五日正午のことである。このラジオ放送、いわゆる「玉音放送」で日本が戦争に負けたことを知って多くの国民は茫然自失、虚脱状態に陥った。

その玉音放送から四日後の八月十九日早朝、千葉県の海軍木更津飛行場に見慣れない四機の「一式陸上攻撃機」（一式陸攻）が駐機していた。双発単葉の一式陸攻は海軍の攻撃用飛行機だが、いずれも見るからにオンボロ機であり、中には主翼の表面に被弾した際の穴が数カ所あり、穴の上に絆創膏代わりの布切れを貼っている機体さえあった。

しかしそれよりも目を引いたのは機体の色である。濃緑であるはずの機体は全体がペンキで白く塗られ、日の丸があった場所には「緑十字」が描かれているのだ。

この「緑十字」は八月十四日、日本のポツダム宣言受諾を受けて連合国軍最高司令官に任命されたダグラス・マッカーサー（米軍元帥。一八八〇〜一九六四）の指示によるものだった。連合国軍というのは戦勝国であるアメリカ軍、イギリス軍、オーストラリア軍、ニュージーランド軍、カナダ軍、中華民国軍、フランス軍、それにソ連軍などを指す。日本はポツダム宣言を受諾したものの正式な降伏調印はまだであり、マッカーサーは一時でも早く降伏調印の手続きに入りたかった。

もともとポツダム宣言は米英中三カ国による日本に対する降伏勧告の宣言だが、八月八日になってソ連が対日宣戦布告して新たにポツダム宣言に加わったため、マッカーサーとしては大急ぎで対日占領政策を確立させる必要があった。遅れるとソ連が日本に上陸し、東西ドイツ同様、日本も分割統治になってしまう可能性があったからだ。

無線交信によるマッカーサーからの指令は、玉音放送翌日の八月十六日早朝から頻繁に入りはじめた。

最初の指令は前日に自決した阿南惟幾《あなみこれちか》陸相の告別式があった直後。マッカーサーから天皇・日本政府・日本大本営宛のもので、

「降伏条件決定の打ち合わせのため、十分な権限を有する代表者を至急フィリピン・マニラ市にある連合国最高司令部に派遣せよ」というものだった。

同日、さらに具体的な指令が届く。代表者一行は日本の飛行機で沖縄の伊江島飛行場に行き、

同地からは米軍機でマニラに向かうこと。一行は武装していない飛行機を使用し、型は零二二型（零式大型輸送機）とすること。日本の飛行機は全体を白く塗り、胴体両側及び各翼上下部に緑色の十字を付すること。同飛行機は天候の許す限り八月十七日午前八時から同十一時までに出発すること、等である。

白い機体に緑十字というのは国際的な安全標識で、誤攻撃を防ぐ安導権（safe conduct）を表す。日本側は困惑した。指令が届いた八月十六日は鈴木貫太郎内閣が総辞職し、次の内閣がまだ決まっていなかった。東久邇宮《ひがしくにのみや》稔彦（GHQの指令で昭和二十二年十月に皇籍離脱）内閣が発足するのは翌十七日である。十七日に出発するのは絶対に無理である。

またマッカーサーの指定した飛行機の型（零二二型）は米国のダグラスDC‐3型を日本でライセンス生産し、独自の改良を加えた海軍の輸送機だが、乗り心地はいいものの航続距離がさほど長くない。沖縄に行くにはどこかの基地で燃料を補給する必要があるが、終戦に不満を抱く兵士のいる基地だとそのまま出発できなくなる恐れもある。となれば選択肢はひとつ、航続距離がいちばん長く（四千キロメートルを超える）沖縄まで往復飛行が可能な一式陸攻だけだ。日本政府と大本営はマッカーサーと交渉し、なんとか「型を変更しても差し支えない」との返答を得た。これで攻撃機である一式陸攻を選択することができた。

降伏軍使の全権は河辺虎四郎中将

しかし飛行機は決まったものの、肝心の降伏軍使の顔ぶれが決まらない。降伏軍使という不名誉な仕事だけに、拒否する者が続出したのである。中には自決をほのめかして拒否する者もいた。新たに総理大臣になった東久邇宮稔彦が中心になって全力で人選に当たった。

陸軍全権には当初、陸軍大将・梅津美治郎《よしじろう》参謀総長に白羽の矢が立ったが、梅津はなんとしても首を縦に振らない。屈辱的な任務だし、責任を負いたくないのだ。そこで参謀次長の河辺虎四郎中将が全権に決定した。彼は「史上最悪の作戦」として知られるインパール作戦を立案・指揮した第一五軍司令官・牟田口廉也《れんや》中将の上官、河辺正三大将の実弟だ。

河辺虎四郎全権は憂鬱だった。出発前夜、陸軍省に赴き上司である梅津参謀総長に挨拶した際のことを、河辺はこう書いている。

「梅津総長は特別に私を呼んで、辛労をねぎらう意味の懇《ねんご》ろな言葉を与えられた。あいすまぬことながら、私は、総長の言葉に深き感激を覚えず、むしろただ己れの不運を感じてか、自分で自分を慰撫するような気持のみが動いていた——戦史においてのみ、それも外国の歴史においてのみ読んだり聞いたりした敗戦国の軍使、私はその任にあてられたのだ」（『河辺虎四郎回想録』毎日新聞社）

結局、軍使の顔ぶれは次のように決まった。名簿は岡部英一著『緑十字機　決死の飛行』（静岡新聞社）によった。

外務省＝岡崎勝男（調査局長）、湯川盛夫（書記官）。

陸軍＝中将・河辺虎四郎（全権、参謀次長）、少将・天野正一（参謀本部作戦課長）、大佐・山本新（参謀本部欧米課長）、中佐・松田正雄（参謀本部航空班長）、中佐・高倉盛雄（陸軍省軍務課員）、中佐・南清志（陸軍省軍務課員）、少尉・大竹貞雄（参謀本部第二部　通訳）、少尉・竹内春海（参謀本部第二部　通訳）ら八人。

海軍＝少将・横山一郎（首席随員、軍令部出仕）、大佐・大前敏一（軍令部　作戦課長）、大佐・吉田英三（軍務局第三課長）、中佐・寺井義守（軍令部航空班員）、書記官・杉田主馬（海軍省書記官　国際法）、嘱託・溝田主一（海軍嘱託　通訳）、少尉・藤原（伊江島残留まとめ役）ら七人。

本来なら神風特別攻撃隊の提唱者である軍令部次長・大西瀧治郎《たきじろう》中将が海軍全権になるところなのだが、大西中将は責任を取って八月十六日早朝に自決している。そのため少将の横山一郎が全権ではなく首席随員として降伏軍使に加わることになったのだ。なお、海軍軍令部・大前敏一の名前は後（第九章）にも出てくる。海軍きっての戦略家だ。

以上の一七人が一番機、二番機に分乗する。全権の河辺虎四郎は一番機。二番機は、その一番機が撃墜された場合の備えだ。ちなみに一番機（一式陸攻）は横須賀航空隊所属で、先述の〝絆創膏〟機である。二番機（一式陸上攻撃機だが、一番機とは若干仕様が違う）は木更津航空隊所属の飛行機だ。

搭乗員には行き先秘密

また搭乗員は一番機が大尉・須藤傳（主操）、上飛曹・駒井林平（副操）、上飛曹・前原政輝（電信員）、飛曹長・大西甫（飛行通訳）、少尉・大久保林次（偵察員）、それに名前がわかっていない一飛曹（整備員）の六人。

二番機が飛曹長・河西義毅（主操）、上飛曹・安念泰英（整備員）、上飛曹・種山平一（電信員）、一飛曹・小柳勝（整備員）、少尉・石倉芳司（偵察員）ら五人だ。

須藤大尉や駒井上飛曹ら搭乗員は十七日午後、整備中の一番機を見てあまりのオンボロぶりに唖然とした。一式陸攻は昭和十六年に制式採用され、改良を重ねながらバリエーションを増やしてきた（総生産機数は二四四六機）飛行機だが、一番機はその中でも最も古い型だったからだ。要するに、まともな飛行機はすでに払底していたということだ。

唖然としたその搭乗員たちには任務内容も行き先も教えていなかった。秘密を守るためである。第二章で詳しく述べるが、厚木航空隊（第三〇二海軍航空隊）は小園安名《やすな》大佐のもと「徹底抗戦」を叫んでおり、降伏軍使の乗る飛行機は発見され次第撃墜される恐れがある。現に最初横須賀飛行場に用意された緑十字機は八月十七日、試験飛行をした際に厚木航空隊に発見され、機銃掃射を受けて穴だらけになって急遽《きゅうきょ》代替機を用意せざるをえなかった。厚木と横須賀は直線距離で三十キロメートルほどしかなく、厚木航空隊の戦闘機なら五分もあれば到達する距離なのだ。そのことから軍使機の出発は東京湾の対岸にある木更津飛行場に決まった。

軍使機の搭乗員の中には厚木航空隊に同調する者がいないとも限らないので、任務内容は搭乗員には極秘とし、飛行コースも極秘に作成され封印、出発直前になって二人の主操に示された。四機のうちの残る二機は囮《おとり》である。

出発は八月十九日早朝だった。

第三航空艦隊司令長官・寺岡謹平《きんぺい》中将（木更津飛行場の最高責任者）の発案で木更津飛行場には天幕が張られ、白布を掛けたテーブルが用意された。テーブルの上には冷酒と勝栗。これは特攻隊が出撃する際と同じだ。全員湯呑み茶碗で乾杯し、飛行機に乗り込む。二機の離陸開始は七時七分。木更津航空隊全員が「総員帽振れ」で見送った。これは全員が整列し手に取った帽子を高く掲げて振る海軍伝統の別れの礼式だ。実際、日本側の条件が受け入れられない場合は戦争再開になるので、その時は軍使全員拳銃で自決する覚悟だった。そのための拳銃三丁も用意した。

囮の二機もほぼ同時刻に離陸した。こちらは厚木航空隊の注意を引くためわざと電波を出して九州方面に向かう。

混乱の厚木基地を大きく迂回

降伏軍使機が最も警戒したのはいうまでもなく厚木航空隊に発見されることだった。航続距離は長いものの鈍足の一式陸攻では戦闘機に太刀打ちできない。おまけにマッカーサーの命令で後尾の旋回機銃など一切の機銃は機体から取り外されていたのだ。

「緑十字機は、まず木更津飛行場を北向きに離陸し、すぐに右旋回して鴨川上空に出て厚木航空隊戦闘機の行動圏百浬《かいり》（約一八〇キロメートル）を離れるべく南下した」（岡部英一『緑十字機　決死の飛行』）

主操縦席に座る須藤（一番機）、河西（二番機）は周囲に全神経を集中して高度を超低空に取り、南下を続けた。

「二機の搭乗員は所定の配置につき、目を皿のようにして、いつ出現するかもしれない友軍の戦闘機を見張っていた。午前八時二十分、哨戒飛行をしていた厚木航空隊の改田義徳中尉操縦の戦闘機が、犬吠埼南方海上で南東に向かう中型機を発見した。軍使機と見て厚木基地に無電連絡したが、自身は燃料不足で追跡を断念した。緊急無電を受けた厚木基地の第一飛行隊長森岡寛《ゆたか》大尉が、零戦で伊豆七島上空まで全速で追ったが、超低空で南下していた緑十字機が発見されることはなかった」（同前）

厚木航空隊の改田中尉は二日後（八月二十一日）に東京湾に突っ込んで自爆した。ついでに触れ

低空飛行する二機の緑十字機（岡部英一『緑十字機　決死の飛行』より）

ておくと、囮の緑十字機は二機とも無事だった。

降伏軍使を乗せた二機の緑十字機が種子島（鹿児島県）の上空に達した時、迎えの米軍（国際連合軍）機が現れた。

緑十字機をエスコートしにきたのはB-25爆撃機が二機、B-17爆撃機が一機、P-38戦闘機が一二～一三機ほどだった。ほんの五日前まで友軍だった厚木航空隊から必死で身を隠し、逆に五日前までは敵だった米軍機にエスコートされている――軍使機一行の思いは複雑だった。

この時の交信の模様、実はWBCやABC（いずれもアメリカの放送局）を介して全世界に放送されていた。それまでは九三式の無線電信、いわゆるトンツーだったのだが、マッカーサーの指示で無線電話に切り替えられており、その電話通信が「ただいま日本の降伏軍使が到着しました。今のがパイロットの声です」などと全世界に発信されていたのである。

届いた降伏調印式のプログラム

二機が沖縄・伊江島に着いたのは東京時間の午後一時二十分頃。河辺全権以下一六人（藤原少尉は伊江島に残留）の軍使たちはすぐに米軍機に乗り換え、午後五時四十五分、マニラ市郊外のニコラス・フィールド飛行場に着陸した。空港にはチャールズ・ウィロビー少将やホイラー大佐、マッシュバー大佐など多数の軍人が出迎えていた。ウィロビー少将はGHQ（General Headquartersの略。連合国軍総司令部）の高官としてやがて日本国民にも広く知られるようになるアメリカの陸軍軍人である。彼についてはのちに詳述する。またホイラー大佐はマッカーサーの副官、マッシュバー大佐は日本語に堪能な通信翻訳官だ。

一行は連合国軍最高司令部差し回しの車に分乗、白バイ数台に先導されてマニラ市のホテルに着いた。午後八時半から会議を始めるからそれまでは休息していてほしいということで、ウィロビー少将からウイスキー数本が届けられた。また会議の席では一行の軍人たちの武装を外すよう連合国軍側から連絡があった。河辺は「日本将校の佩刀《はいとう》（帯刀）は服制として決められ、いかなる場合でもみだりに外せぬ」と返答するよう通訳の大竹少尉に指示したが、結局これは認められなかった。もちろん陸軍側が自決用に準備した拳銃もダメである。

ホテルには八時半から開かれる会議のための書類も日本語の翻訳付きで届いた。降伏調印式までのプログラム（スケジュール）で、これを読んだ河辺全権は少しほっとした。河辺はこう書いている。

「これに一応目をとおして見ると、正式降伏調印は、八月二十八日東京湾内米国軍艦の艦上で行われると指定され、それがために、同月二十六日マッカーサーは、空輸部隊を伴って厚木飛行場に到着、その先発の一部は二十三日に到着するとプログラムがきめられている。そしてわれわれ使節が受理して帰るべき書類は、①降伏文書②降伏に関する天皇の布告文——すなわち詔書③降伏実施に関する陸海軍総命令第一号、この三種類であることがわかった。

私の懸念していた問題、すなわち陛下親《みずか》ら降伏調印のため臨席なさるよう要求されることがあるまいかの問題は、この渡された書類によって、そうではないことが明らかになった。というのは、降伏調印は、政府および大本営それぞれの各代表者によってなさるべきものと、示されてあるからだった」（『河辺虎四郎回想録』毎日新聞社）

必死にスケジュール延期を訴える

となると、この地で河辺のやるべき仕事は連合国軍の進駐プログラムをできうる限り延期させることだった。進駐軍先発隊の厚木着が二十三日、マッカーサーの着任が同月二十六日となっており、とても準備が間に合わないからだ。もっとも、河辺は厚木航空隊の事件のことを知らなかった。知っていたのは横山一郎少将以下の海軍側だけで、もし河辺に教えて連合国軍側にポロリと漏れたら厚木が爆撃される可能性もあり、そうなると天皇の聖断（ポッダム宣言受諾）も無に帰してしまうと、あえて河辺には教えていなかったのだ。

会談は予定通り午後八時半からマッカーサー司令部（マニラ市庁）で行われた。今日の会合は軍人だけと指示があったので、政府代表の岡崎勝男は出席しなかった。連合軍側の出席者はリチャード・サザランド参謀長、ウィロビー少将以下の計七人。連合国軍側も日本側も全員丸腰だ。

会議はサザランド参謀長の開会宣言から始まった。サザランドは、

「ただいまから第一次進駐に必要な情報の提供を求める。まず空軍関係から」と切り出した。最初に尋ねられたのは第一次進駐を予定している厚木飛行場の状況だった。連合国軍側は彼らが収集した同飛行場に関する情報をもとに寺井海軍中佐にいろいろ質問したが、厚木航空隊事件についてはむろん寺井中佐は言及せず、ただ連合国軍側の日本内部の認識は実情と非常に違っていることを力説した。

前述のプログラム通りに準備を迫ってくる連合国軍側に対し、河辺全権もサザランドに発言を求め、「とても時間が足りない」と延長を求めた。河辺は厚木航空隊事件のことは知らなかったものの、マッカーサーを無事に迎えるには使節団が東京に戻ってからさらに十日間が必要だと訴

えた。たとえば連合国軍が進駐を予定している関東地方ひとつとっても、予想された米軍の本土上陸作戦を阻止するために多数の兵力を集結させている。この兵士たちを他の地域に移動させなければ不測の事態も起こりかねず、といってその移動は目下の日本の混乱や交通事情から、短時間でこれをなしうるのはすこぶる困難だと説明したのだ。ことに厚木航空隊事件のことを知っていた海軍の代表たちは必死だった。横山一郎少将（首席随員）はのちにこう語っている。

「われわれは、アメリカの上陸を予想して大兵力を相模湾に張りつけてあるんだ。それを引き揚げさせるには整然とやらねばならぬ。この撤兵は物理的にそんな短時間では不可能なことが一つ。もう一つは心理的な問題であって、われわれがアメリカ軍の本土上陸を予想して大いに戦おうとして張り切っているのを、急に変更して平和裡にアメリカ軍が進駐してスムーズに迎えねばならぬ。そうするには、やっぱり心理的に相当のゆとりが欲しい。そのゆとりは少なくとも十日くらい欲しいということが、みなの一致した意見であると言うことを主張したんです。それでまあ最後に向こうが聞いてくれましたのは、われわれの誠意がわかったとみえて、先遣隊厚木到着の二十三日が二十六日になっておりました」（『証言・私の昭和史　⑤終戦前後』文春文庫）

突っぱねる連合国軍側

まずは三日間延びた。マッカーサーの厚木到着も二日ずれて八月二十八日、そして降伏調印が八月三十一日ということになった。河辺全権や横山首席随員は「それでも無理だ。もう少し延ばしてくれ」と頼み込んだが、サザランド参謀長は、

「この案の通りにやらなければならない。私は日本側の誠意を諒とし、日本側のいう理由も了解するが、しかし我々はこれでやらなければならない」と突っぱねたのである。

その後、会議は陸海空の三部門に分かれて続いた。そして翌日は午前九時半から岡崎勝男など日本の政府側の代表も入れて会議を行う旨を通告してこの日は終わった。使節団一行が宿舎に戻ったのは夜中の一時頃だった。宿舎には河辺全権宛にウィロビー少将の名刺をつけた紙袋が届けられていた。開けてみると煙草とウイスキーだった。

翌二十日の九時半に予定されていた会議は「書類に多少の変更点があるから」という理由で一時間延刻になり、こちらの希望を入れて進駐プログラムを変更してくれたのかと河辺たちは期待したが、そうではなかった。あくまでも予定通りに進駐を始めるというのだ。最後に東京に持ち帰る三種の文書をあらためて手渡され、昼の十二時頃、会議は終わった。

この時、伊江島に残っていた緑十字機の乗務員たちは忘れられない光景を目にする。昼頃、突然サイレンが鳴り響き、連合国軍の兵隊たちが大騒ぎを始めたのだ。

兵隊たちはピストルや機関銃を空に向かって撃ちまくり、ＭＰ（ミリタリー・ポリス。憲兵）までが帽子を高く放りあげて踊り狂いはじめている。英語のできる飛曹長の大西甫が恐る恐るどうしたのかと聞いてみるとこんな返事が返ってきた。

マニラでの河辺虎四郎全権とサザランド参謀長

「『いわなかったけれども、実は今、君たちの軍使がマニラでマッカーサー司令部との停戦協定を無事に締結して、こちらに帰ってくる』と。『これでまあわれわれの血みどろな四年間戦った太平洋戦争が、この瞬間に終わるんだ。われわれはこれで夢にまで見た家族に帰って会えるんだ』というようなことで踊り狂っていたと。そのときにマッカーサー司令部からの通達を見せてくれましたが、この白い二羽の平和の鳩は、これをわれわれが無事に帰すことにおいて、この血みどろな太平洋戦争が終わりを告げるんだと。で、個人的にはいろいろ怨恨もあるだろうが一指も加えず無事に帰すようにという特別命令が出ていたわけです」（『証言・私の昭和史　⑤』）

二羽の平和の鳩というのはいうまでもなく二機の緑十字機を指す。

突然エンジンが不調になり不時着

河辺全権一行は、一刻も早く帰京しなければならないと焦っていた。時間が逼迫している。降伏軍使たちは自動車で飛行場に急行した。飛行場まではウィロビー少将と日本語を話すマンベーア大佐が同行した。ウィロビーは伊江島に向かう米軍機の中まで河辺全権を案内し、別れに際してはドイツ語で「また会いましょう」と挨拶し、お互いに握手を交わした。一行は夕方六時頃伊江島に到着、河辺全権もすぐに緑十字機の一番機に乗り込んだ。帰路は海岸線に沿って飛行することにした。

その時思わぬ報告があった。二番機が地上滑走中、ブレーキに故障が発生して機体が傾いたため、尾翼の一部が滑走路に擦《こす》れてしまい、どうしても修理が必要だというのだ。河辺はやむなく先行帰任のメンバーを決め、重要書類を携えてすぐさま帰路につき、残った者は伊江島で一泊して明朝、二番機の修理が終わり次第出発することとした。

一番機の伊江島出発は午後六時半。

離陸後間もなく、それまで明るく輝いていた夕日が水平線下に沈み、機内も暗くなった。単調なエンジン音を聞きながら、河辺たちは疲れのためいつしか眠りはじめた。

どれくらい時間が経ったか、腕組みをして眠っていた河辺を乗務員のひとりが突如ゆすぶり起こした。

「海面に不時着をしなければならないようなので、救命具をつけてください。時間はまだありますから、ごゆっくりどうぞ」

いったい何が起きたのか、河辺にはさっぱりわからなかった。以下、先に引用した一番機乗務員・大西甫（飛曹長）の証言の続き。

「突然エンジンが不調になりましてパンパン音をたてはじめましたので、その瞬間、私は後部補助燃料タンク室にとび（込み）、応急手動ポンプの調整に全力をあげました。そうしましたらポンプの圧力が回復し、再び数分間エンジンがかかりましたので水平飛行を続けることができてホッとしたら、また不調になりまして、ついに水面上数十メートルで不時着水を決意したわけです。そのとき、もう陸地は真っ暗でした」（同前）

河辺以下が急遽《きゅうきょ》協議し、メンバーの中でいちばん身体が丈夫で泳ぎの達者な者が重要文書を持っていることになった。この文書をなくしたら大変なことになる。もう一度マニラまで取りに行くことができればまだいいが、わざと日本が遅延行為を行っていると見られればどんな事態が出《しゅっ》来《たい》するかわからない。またソ連の北海道上陸の可能性もあった。

ソ連は八月十六日に日本領南樺太を、同十八日に千島列島を占領し、最高指導者であるスターリンはアメリカのトルーマン大統領に北海道の半分をソ連の占領地とするよう求めていたのだ。トルーマンは拒否したものの、ソ連はマッカーサーにも日本の分割統治を求めていた。八月十六日以降の連合国軍と日本の無線交信も、ソ連からと思われる激しい妨害電波を受けている。

それだけに正式な降伏調印が急がれ、河辺全権らが持ち帰った文書はなんとしても守らなければならない。文書を持って朝まで海に浮いていれば、そのうち助けが来るだろうということで、岡崎勝男がその大役を任された。岡崎は外交官だが、一九二四（大正十三）年、在フランス大使館在任中に開かれたパリ・オリンピックに陸上（長距離）の日本代表選手として出場している。彼なら朝まで頑張れるだろうというわけだ。岡崎はこう述懐している。

「とにかく、この文書をなくすことは相ならないというので、だれ彼を物色した結果、岡崎がオリンピックにも出たくらいの運動家だから一番よかろうということになり、私がこの文書を持たされてしまった。そのかわり、海に落ちたら一番先に飛行機から出してやるということであった」（岡崎勝男著『戦後二十年の遍歴』中公文庫）

不時着したのは運良くどこかの海岸で、一番機は海面に着水、そのまま砂浜にすべり上がった。この時の衝撃で岡崎勝男が頭に負傷したが、他のメンバーは無事だった。主操の須藤大尉が抜群の操縦技術を持っていたから助かったのだ。岡崎は文書の入った鞄を両手でしっかり押えていたので、他のメンバーのように手で衝撃を防ぐことができなかった。

あとでわかったのだが、一番機は燃料切れだった。伊江島で燃料を補給したのだが、ガソリンタンクに穴があいていたらしく、燃料が漏れていたのだ。

それにしてもここはどこの海岸なのか。

やがて二人の漁師が現れた。まだ真夜中なのだが、浜に干してある魚が夜分に盗まれるので、二人で不寝番をしていたところ、大きな飛行機が不時着したので「これはアメリカのB‐29ではないか」と警戒していたのだが、飛行機から降りてきた人間が日本語を喋っているので大丈夫だと思って出てきたとのことだった。

漁師たちの話で、ここが浜松（静岡県）近くの天竜川河口付近であることがわかった。軍使一行は彼らにすぐいくつかのことを頼んだ。まず浜松飛行場の天竜川分校に電話して町までトラックを一台呼んでほしいということ。次にどこでもいいから憲兵隊に電話して河辺代表一行の飛行機は不時着したが無事であることを東京の大本営に知らせてほしいということ。第三に青年団に頼んでリヤカーで荷物を町まで運んでほしいということ。

三十分ほどすると青年団員がリヤカーで迎えに来てくれたので、荷物を積んでもらって彼らの案内で一行は町に出、すでに町に着いていた天竜川分校のトラックで浜松飛行場に向かった。すぐに飛べる飛行機はなかったが、故障で飛行場に置いてあった飛行機（重爆撃機）が使えるかもしれないというので徹夜で修理させ、朝早く浜松飛行場を出発、ようやく調布の飛行場に辿り着いた。八月二十一日の午前八時半だった。調布からまっすぐ首相官邸に向かい、東久邇宮総理や他の閣僚にマニラの模様を報告する。

飛行機が突然連絡を絶ったので特攻機に襲われたのではと全閣僚が徹夜で探したのだという。伊江島から遅れて出発した二番機はすでに東京に戻っていた。いちばんホッとしたのは東久邇宮総理だ。八月二十一日の日記にはこうある。

「けさはマニラに派遣された河辺中将の一行が、朝早く首相官邸に帰ってくる予定なので、私はそのつもりでいたところ、首相官邸から電話で、『河辺全権一行の飛行機が昨夜、遠州灘沖の上空で機関に故障を起し、天竜川河口に不時着して二、三名の負傷者を出したが、午前九時ごろ、首相官邸に着く予定である』と知らせた。私は河辺全権の飛行機の帰りが遅れたのは、終戦に不満なわが飛行機の攻撃でも受けたのではないかと心配したが、そうでなかったので一安心した」

（東久邇稔彦著『一皇族の戦争日記』日本週報社）

河辺全権から東久邇宮総理が受け取った連合国からの文書は次の通り。

一、連合国軍最高司令官およびその随行部隊の、東京湾内、厚木飛行場、鹿屋《かのや》飛行場地域への進駐を容易ならしめる要求事項。
二、連合国軍最高司令官の一般要求事項。
三、全権が帰還後、帝国政府に伝達すべき日本国天皇の詔勅および降伏文書。
四、陸海軍一般命令第一号。

連合国軍が日本に何を要求するか心配していたが、これらの文書によってさしあたり条件の概要がわかったので、東久邇宮総理以下、閣僚たちはホッとした。目下の予定事項は八月二十六日に先遣部隊が厚木および鹿屋飛行場に到着し、海上部隊が東京湾に入ること。次いで八月二十八日にマッカーサー元帥が厚木飛行場に到着することで、そのため日本側は全飛行機の武装を解除、かつ飛行を不可能ならしめるよう全力で取り組まなければならない。

午後一時、東久邇宮総理は河辺全権を伴って参内《さんだい》（宮中に参上）、天皇に任務遂行の状況を報告した。そして二時から閣議を開き、連合国軍の本土進駐についての受け入れ態勢を決定した。

こうして正式降伏調印の道筋は決まったのだが、周知のように実際は連合国軍先遣隊の厚木到着が八月二十八日、マッカーサーの厚木到着が八月三十日、ミズーリ号での降伏調印が九月二日である。なぜ延びたのか。

理由はこの年八月に多かった台風だった。

日本では太平洋戦争が始まった昭和十六年十二月八日から気象報道管制が布《し》かれ、天気予報がなくなった。気象情報は軍事機密となったのである。敗戦一週間後の八月二十二日に天気予報が復活したが、その日の東京の予報は「今日は午後から夜にかけて時々雨が降る見込み」というものだった。この戦後初の天気予報は見事に外れた。小さいが勢力の強い豆台風が同日から二十三日未明にかけて房総半島に上陸、東京も激しい暴風雨に見舞われた。瞬間最大風速は三十五メートルに達した。このため厚木飛行場の整地作業も遅れている。八月二十五日は連合国軍の飛行機が終日厚木飛行場の上空を飛び回り、台風のため作業が大幅に遅れていることを確認している。

さらに八月二十五日には四国の南海上と日本列島の南海上に二つの台風が発生した。四国南の台風は現在のヘクトパスカル（当時はミリバール）でいうと九七八ｈｐａ、日本列島南の台風は八八六hpaと、かなり大きな勢力である。前者は八月二十六日になって四国から中国地方を縦断、ことに四国の高知では猛烈な雨量を記録した。一方、日本の南海上にあった後者も北北西に進み、同じく八月二十六日になって四国の南に近づいた。翌二十七日には九州に上陸し、宮崎県では記録的な瞬間最大風速を示した。

連合国軍は八月二十六日にチャールズ・テンチ大佐以下およそ一五〇人の第一次先遣隊をマニラから厚木に向けて送り出す予定だったが、この二つの台風で断念し、日本政府に「天候（台風）の影響で、二十六日に厚木に進駐予定を四十八時間遅らせる」と通達したのだ。厚木飛行場の整備もさらに遅れるだろうから、予定通りの進駐は難しいと考えたのだろう。

日本政府はホッとしたが、中でも大喜びだったのが「厚木終戦連絡委員会」の有末精三委員長（陸軍中将）だった。

この委員会は厚木に入ってくるマッカーサー以下の連合国軍を滞りなく受け入れるためのもので、河辺虎四郎が推薦した有末については当初、東久邇宮総理が「有末はイタリアのムッソリーニと親交があった。ファシストじゃないのか」と問題視した。ムッソリーニはファシスト独裁体制を築いた政治家で、元イタリア首相。一九四五年四月二十八日、パルチザンに銃殺された。イタリア駐在（日本大使館付武官）時代から有末がムッソリーニと親交があったのは事実で、そのことは本人も認めている。

しかし陸軍には有末しか適任者がいないということで彼が委員長に決まった経緯がある。副委員長は有末と陸軍士官学校同期（第二九期）の鎌田銓一中将だ。これも後述するが、鎌田中将は戦前、米国留学を体験している。

この人事が決定したのは八月二十二日だが、有末と鎌田が正式に辞令を受けて厚木入りしたのは二十四日、連合国軍先遣隊到着予定のわずか二日前だ。

そして連合国軍から四十八時間延期の連絡があったのは翌二十五日午後七時半頃。先遣隊が明日到着するというのに一向に飛行場の整備が進んでいないため、有末は厚木委員会の七つの分科会委員長を集めて状況を報告させていたところへ副官の山田耕作少佐が部屋に飛び込んできて

「委員長閣下！　ただいまマニラからの電報で米軍の進駐は四十八時間延期となりました！」

と告げた。

会議中だった有末はじめ厚木終戦連絡委員会各分科会のメンバーは全員が立ち上がって思わず「バンザーイ」と叫んだ。それほど状況は絶望的だったのだ。有末はこの時のことを「ああ、正に神風、天佑！」と自著『終戦秘史　有末機関長の手記』（芙蓉書房）で書いている。

この有末についてはまたあとで触れる。

［文責＝山田邦紀］

第二章　厚木飛行場で何が起きていたのか

第三〇二海軍航空隊司令小園安名

軍使機が避けて通った厚木飛行場。ここでは、戦争終結を遅らせ、さらに血を流すことになるかもしれない重大事件が起きていた。「厚木航空隊事件」である。広くは知られていないので、ここでその経緯を詳しく辿ってみよう。

前章でも触れた、有末精三中将を委員長とする厚木終戦連絡委員会の任務は、連合国軍に対して進駐準備を容易ならしめること、「且つ進駐に応ずる基地の整備、宿営及び給養の統制斡旋之に付随する案内及び接待的事務」（佐藤元英他編『GHQ歴史課陳述録―終戦史資料』原書房所収の有末精三の陳述）だった。

その委員会には、陸海軍、外務、運輸、大蔵などの各省、神奈川県、横浜市から委員として多くが加わった。海軍省委員・山澄忠三郎海軍大佐、同・佐藤六郎海軍大佐（特派）、外務省委員・鶴見巌、大蔵省委員・橋本龍伍、文部省委員・田中舘《たなかだて》秀三などの面々である（佐藤六郎著「厚木事件処理の真相⑴、⑵」『水交』水交会）。

八月二十六日に連合国軍の先遣隊が、二十八日にマッカーサーが厚木飛行場に来るという通告を受けていて、それまでに同飛行場での受け入れ態勢を整えておかなければならなかった。

しかし、肝心の厚木飛行場を拠点とする第三〇二海軍航空隊（厚木航空隊）は戦争継続でひとつになっていた。もしここで銃弾一発でも先遣隊に打ち込まれたら、日本は米軍のさらなる攻撃にさらされ、多くの命が失われる恐れがあったのである。

現在の厚木基地（厚木航空基地）である日本海軍の厚木飛行場には、西側に整備・教育を担当する部隊の第一、第二相模野海軍航空隊が、東側に首都防空を受け持つ戦闘機部隊の第三〇二海軍航空隊が置かれていた。その間に滑走路がある。

第三〇二海軍航空隊の司令は小園安名大佐。鹿児島県出身でこの時四十二歳。海軍兵学校卒（五一期）の飛行機乗りで、台南航空隊飛行長、同航空隊を改称した第二五一海軍航空隊司令などを務め、昭和十九（一九四四）年三月に第三〇二海軍航空隊司令に就任する。

小園は「昭和十一年当時すでに山本五十六中将、大西滝次郎［瀧治郎］大佐、源田実少佐とともに、航空主兵主義戦艦無用論を唱えていた」（菅原英雄他「旧厚木海軍航空隊員中海軍刑法による受刑者の名誉回復に関する陳情書」、『「旧海軍厚木航空隊事件」名誉回復運動結果報告』所収）。また、斜固定銃の発案者として知られる。

南方の日本軍基地で戦っていた小園は、高空を高速で飛ぶ米軍の大型爆撃機に零戦が太刀打ちできないことにいら立っていた。そこで考えたのが、機の胴体の下部あるいは背部に銃を斜めに備え付けるというものだ。爆撃は夜間もある。夜間では上からは下は見えにくいが、下からなら星空を背景にして機影が見えるので、敵機の下方から迫り、斜固定銃で攻撃できる。

第二五一海軍航空隊副長兼飛行長だった小園は、ラバウル（パプアニューギニア）から本土に戻った際、このアイデアを大型機撃墜対策研究会に提案した。ところが、「誰一人としてこれに賛成する者はゐなかった」（小園安名著「最後の對米抵抗者―厚木基地降服反對事件首魁の手記」『文藝春秋』昭和二十八年六月号、以下「小園」）。

真珠湾攻撃の際、第一次攻撃隊を指揮した淵田美津雄は海軍兵学校第五二期で小園の一期後だが、年齢は同じで兵学校時代枕を並べて寝ていたこともあり、小園と親しかった。その淵田は斜固定銃について、「横須賀航空隊教官の中にも、横須賀航空廠技術官の中にも、一人の賛成者もなかった」（淵田美津雄他著『真珠湾攻撃総隊長の回想　淵田美津雄自叙伝』講談社、以下「淵田」）と書いている。

しかし、小園は諦めない。昭和十八年、第二五一航空隊司令となって再びラバウルに行くことになった際、斜固定銃を備えた飛行機を強引につくらせた。双発の二式陸上偵察機を改造したのである。ラバウルに出発する二週間前「辛うじて二機の斜固定銃装備の双發戰闘機が間に合つた。これが後に有名になつた月光と云ふ夜間戰闘機である」（「小園」）。この月光はラバウルでB-17を何機も撃墜する。この戦果に気を良くした小園は他の飛行機にも斜固定銃を装備するよう上層部に進言するが、相手にされなかった。淵田は次のように書きのこす。

「若干を撃墜したでもあろうけれど、闇夜に鉄砲、数打ちゃ当るとの譬《たと》えもあって、私は鼻をつまんでいた」（『淵田』）

生粋の戦闘機乗りには抵抗があったのだろう。それでもその戦果は無視できず、夜間戦闘機月光は増産され、本土を空襲するB－29を迎え撃った。

「絶対戦争継続」を叫ぶ小園司令

斜固定銃の発案者で、第三〇二海軍航空隊の司令となっていた小園大佐は、昭和二十年八月十一日朝、横須賀鎮守府（横須賀市）構内の第七一航空戦隊司令部（連合艦隊第三航空艦隊管下）の幕僚室にいた。

鎮守府とは、艦隊の後方を統括する、軍港のある拠点で、横須賀、呉、舞鶴、佐世保に置かれていた。小園が司令を務める第三〇二海軍航空隊は同航空戦隊所属で、小園は同司令部の参謀を兼務していた。

小園は幕僚室で横須賀海軍通信隊初声《はっせ》分遣隊から日本が前日にポツダム宣言を受諾したという話を聞く。「外國電報によれば日本がポツダム宣言を受諾したと云つて、ロンドンやニューヨークなどはドンチャン騒ぎ」（『小園』）だという。

「来るべきものが来た」と思い、憤っていた小園のところに、夕方になって、二・二六事件（昭和十一年）に関係し、陸軍大尉で退役した大岸頼好と、同事件に関わっていたとされた明石寛二陸軍少佐が来て、ポツダム宣言受諾に至る御前会議の模様を詳細に話した。小園は七月にこの二人から日本がソ連を介して和平交渉を進めているという噂を聞いていた。

十二時近くまで大岸、明石と話して、聖断が下るに至った経緯を把握した小園は、いかにすべきかの見当がついた（戦争継続）ので、横須賀鎮守府司令長官の戸塚道太郎中将に電話をかけた。深夜ということもあって、「そんなことを電話で話す奴があるか」と切られた。

翌十二日朝、戸塚に呼び出された小園は、戸塚に戦争継続を訴えようとした。「横須賀鎮守府さえ戦争継続に固まれば全軍これに従うのは確実だ」と考えたのである。

しかし、戸塚は「自分は日本の中で最も正しい判断のできる方は、陛下であると思っている。われわれは只々聖断に従っておればよいのだ」と言い、日本の飛行機生産能力の低下と米の備蓄の限界について説明して、「こんな有様で戦争が継続できると思うか」と小園を叱責する。

これに対し、小園は戸塚長官の卓を叩き、「たとえ刀折れ、矢尽きても、命のある限り陛下と国土を守るべき」と言いのこして席を蹴った。

小園は以前から海軍上層部、重臣、閣僚らが必勝の信念なく和平交渉を進めるのを憂えていたのである。

小園はその足で戦争継続の同意者を求めに幕僚室に行ったが、脈がない。

ならばと、横須賀鎮守府の横須賀連合特別陸戦隊司令官で横須賀警備隊司令官でもある工藤久八《きゅうはち》中将のもとへ行く。工藤に面会した小園は、「自分は独力で抗戦を継続する覚悟だが、戸塚長官はその鎮圧にかかるだろう。しかし、同士討ちはしたくない。あなたの兵を私に向けてもらいたくない」と依頼する。工藤は「承知した」と答えたと小園は書いている。

小園安名（相良俊輔著『あゝ厚木航空隊』より）

これについて、海軍少将だった高木惣吉は「工藤司令官は明答しなかったが、小園は了承してもらえたと思って帰った」（高木惣吉著『自伝的日本海軍始末記〈続篇〉』光人社、以下「高木」）としている。工藤はあいまいな返事をしたのではないだろうか。それを「了」と受け止めた小園は意気揚々と帰った。

小園はまず自分の指揮下にある第三〇二海軍航空隊の結束を固めて抗戦しようと決意する。十三日、同航空隊の科長以上の士官を集めて、「今後如何ナル事態ノ発生ヲ見ルモ抗戦ヲ継続スル心積ナルヲ以テ同一歩調ニテ進マレ度《た》キ旨所信ヲ」述べた（小園安

名大佐に対する軍法会議の判決文『「旧海軍厚木航空隊事件」名誉回復運動結果報告』所収、以下「判決文」)。

翌十四日には、第七一航空戦隊司令部で次に要約する文を起案する。

最近の新聞の論調と巷間の流説は士気に影響すること甚大である。今日の状況では活発な作戦継続以外に国体護持の方法はないにもかかわらず、新聞は戦争継続不能の事態にあるかのように国民に認識させ、国体護持を条件に和平交渉が行われていると伝えている。もしこれが真実なら、天孫降臨以来の国体は破滅し、日本の永遠の滅亡を招くことは必至である。一方、降伏を恥とする天皇の軍人は降伏的条件を強要する当局と衝突するのは当然で、誠に悲しみに耐えられない事態になる。必勝の信念のないところ、国体の護持は絶対に成り立たないのであり、この際、新聞の論調、巷間の根源を速やかに一掃することが今後の作戦を遂行する上でぜひとも必要と認めるので、しかるべく取り計らってほしい。

小園はこの電文を海軍省、海軍軍令部をはじめ、海軍各部署に発信した。

この時のことを第三航空艦隊司令長官だった寺岡謹平中将は、「十四日、終戦のことを耳にすると、司令は、私だけでなく海軍大臣はじめ各長官に、和平交渉が行われているというが、これは国体を破滅し、日本の永遠の滅亡をきたすものだ。必勝の信念なきところに国体の護持はありえない、と長い電報をよこした」と話している(住本利男著『占領秘録』中央公論社)。

この日の午後、小園は南方で罹《かか》ったマラリアを再発。ベッドに伏した。熱が高くなっていくので軍医長に注射をしてもらい、夕方に熱が下がると、また起き出し、その夜、厚木飛行場の近くに位置する高座《こうざ》海軍工廠の工廠長に電話をして、「日本はポツダム宣言を受諾したようだが、自分はあくまでも抗戦を継続するので、急いで飛行機を増産してほしい」と伝えた。

この頃、第三〇二海軍航空隊戦闘機隊隊長の森岡寛大尉は他の士官とともに士官室でくつろいでいた。すると、通信長が司令室に呼ばれるなど、司令の動きがあわただしい。「なんとなく変だぞ」と森岡が思っているところに、副直将校が発信紙を持ってきた。そこには「(前略)如何ナル命令ト雖モ一切之ヲ拒否スル(中略)團結一致セバ必勝ハ絶對ニ疑ナシ」という海軍全般宛の文が書いてあった。ただならぬ内容に驚いた森岡は同僚とともに司令室に走った。

森岡たちを見た小園はこわい顔で日本がポツダム宣言を受諾したことを話し、続けた。

「あすの正午には、日本は無条件降伏するのだ。しかし、厚木の航空隊は断じて降伏しない。高座工廠(飛行機工廠)も地下壕へ移した。食糧も二年分はある。たとえ厚木の航空隊は孤立無援となっても、断じて国体を汚す降伏には賛成できない。厚木航空隊は、最後まで国体護持のために戦うのだ」(森岡寛の手記「厚木航空隊かく戦えり」『丸』八月別冊「終戦と本土決戦」潮書房光人社所収、以下「森岡」)

司令室を出た森岡は、士官たちにポツダム宣言受諾と小園司令の決意を伝えた。士官たちは「国を売る奴は叩き殺せ」などと激昂したという。

小園司令の訓示

翌十五日朝、熱が下がった小園は、通信長を呼んで前日に作成した電文（森岡が見たのはこれだろう）を、打てと指示したら海軍全般に発信するように命じた。

その日の午前六時過ぎ。「敵艦載機、犬吠埼東上五〇浬、厚木戦闘機隊発進せよ」の指令を受け、森岡は「搭乗員整列」を命じるが、少ない。ポツダム宣言受諾を知り、自棄酒で戦える状態でない者が多かった。森岡は零戦八機、雷電四機を編成し、飛び立った。

一方、小園は午前十一時、業務についている飛行隊員以外の部下全員を集め、訓示を行った。

その記録を、速記係を務めていた雨宮正典が残している（「『小園司令の決起宣言速記録』――武装解除を蹴った厚木基地の一週間」『週刊サンケイ』、以下「雨宮」）。

雨宮は昭和十九年に横須賀海兵団に第二補充兵として召集された上等水兵。雨宮によれば、この日は朝からいつもと違っていた。第三〇二海軍航空隊厚木基地新兵分隊の日課が変更になったのだ。「朝食後、銃器手入れ、一一《ヒトヒト》・〇〇《マルマル》総員号令台前整列、一二《ヒトフタ》・〇〇《マルマル》天皇陛下の御放送を聴く」との達しがあった。いつもなら防空壕での作業を行うはずなのだが、銃器の手入れ。皆慣れない銃の手入れに手こずっていた。

「銃といっても、三八式［明治三十八年採用］と旧式銃。いつ掃除したのか分からぬほど錆びてい

厚木基地第三〇二海軍航空隊の戦闘機群（『日本軍航空機総覧』新人物往来社より）

て、ひどいのになると、銃身にボロ布が詰まっていた。

そんな銃すら、全員には行き渡らず、不足分は猟銃があてがわれた」

日本の敗色が濃厚だということは末端の兵たちもわかっていた。そして今日の特別日程である。「おかしい」と皆不安に思いつつ号令台前に整列した。

雨宮は号令台脇に速記板を首から吊るして立った。副長の菅原英雄中佐以下数人の士官を連れてやってきた小園は号令台に上がり、激しい口調で話しはじめる。小園大佐の考えがよくわかるので、以下、長文になるが、雨宮の速記録をもとに訓示内容を要約して紹介する。

「本日、天皇陛下御自ラマイクノ前ニ立タレテ詔書ヲ下サレル事ニ関シテ、皆ニ話シテ置ク」。

陛下が自ら国民に話すということは古今未曽有のことであり、日本の国家にあってはならないことである。このようなことになったのは、「赤魔」（共産主義勢力）の謀略であり、それに重臣閣僚が引っかかってしまったことによる。

ソ連、米、英、重慶（重慶に置かれた中華民国国民政府）が日本に対して出した降伏の条件は、日本の国体を破壊するものである。にもかかわらず、重臣たちは、「日本はもう戦い続けられない。日本国民は戦意を失っている。兵器はこれだけしか生産できない。絶対必勝の道はない」と、「聖明ヲ被《おお》ヒ奉ッテ」（知徳に優れた天皇の判断を曇らせたという意か）、重臣会議でポツダム宣言受諾を決めてしまった。

ポツダム宣言受諾の次にくるのは武装解除である。そして、兵隊は外国へ連れていかれ、「其処デ支那ノ苦力《クーリー》ミタイニコキ使ッテコキ使ッテ、遂ヒニ絶対日本ニ帰サンヤウニ、捕虜トシテ扱ウノデアル」。その後に外国軍隊が進駐して、日本はわずかに食えるだけの生産を許され、軍需生産も剝奪される。男のいなくなった日本の女子は全部米、英、重慶の凌辱を受ける。

ポツダム宣言を承服しなければならないような降伏を誰が日本人として欲する者がいようか。しからばなぜ政府の重臣閣僚はそんな馬鹿なことをしたかというと、巧妙な赤魔の謀略による。

司令は「皆ノ精神ヲ体シテ陣頭ニ立ッテ此ノ赤魔ノ謀略ヲ破壊シテ神州日本ヲ護ル覚悟ヲシテ居ル」。

今、天皇の御命令を聞かないと不忠になるし、聞いても不忠になる（国体が滅びる）というところにある。しかし、天皇の御命令を守っても、天皇が滅びたらどこに忠義があるか。「日本ハ神国ナリ。絶対不敗デアル。必勝ノ信念ヲ堅持シテ、草ノ葉ヲ噛ンデモヤルトイウ意気込ミデ行ケバ此ノ戦ヒハ勝ツ。醜敵《しゅうてき》ニ蹂躙サレル事ハ絶対ニ無イ。神々ノ御加護ハ必ラズアル」。三〇二のやることはちゃんと計画を立ててある。諸君は安んじて、この神州護持の作戦に従事してくれることを希望している次第である。

「訓示を終わった司令は、アゴのヤギ髯まで流れ落ちる汗をふきながら、号令台を下りた」と書く雨宮は、本部に歩いていく小園司令の背中を見送りながら、「冗談じゃないですよ」と呟いた。「小園部隊は最後まで戦い続ける」という小園の訓示は、雨宮のような末端の兵士には「せっかく這い上がった崖っぷちから、また突き落とされたような気持だった」。士官、下士官クラスは別として、召集されたただの兵隊にとって、ようやく戦争が終わり、命拾いしたと思ったのにという気持ちがあったのである。

小園司令、国民に檄文を撒く

八月十五日正午、小園は基地の地下防空指揮所隣にある司令寝室のベッドの上で全国民に向けて発せられた天皇の玉音放送を聞く。そして「万世ノ為ニ太平ヲ開カムト欲ス」という天皇の言葉を聞いた時、自分の行動は「違勅（天皇の命令に違うこと）にはならない」と確信した。小園の理屈はこうである——自分が企図している「国体護持のための戦争継続」は違勅のようだが、「万世ノ為ニ太平ヲ開カムト欲ス」という究極の精神においては、天皇とまったく同一である——。

また、小園は結果的に天皇の存在を守る行為であれば、違勅にはならないと考え、第三〇二海軍航空隊を戦争継続へと持っていこうとした。そして先の「命令を拒否する」という電文を通信長に発信させた。その小園に、飛行長の山田九七郎少佐が、

「司令、陸軍や一般国民にも知らせる必要があるのではありませんか」と言う。

「なるほど」と思った小園は司令室に戻り、改めて伝単（ビラ）文を書いて副官に渡し、「謄写できた分から、今日はまず関東地方一円に、明日は北海道から九州の端まで散布するようにと」と命じた。

その檄文は、

國民諸士ニ告グ

帝國海軍航空隊司令

赤魔ノ巧妙ナル謀略ニ翻弄サレ必勝ノ信念ヲ失ヒタル重臣閣僚共カ上聖明ヲ覆ヒ奉リ下國民ヲ欺瞞愚弄シ遂ニ千古未曾有ノ詔勅ヲ拝スルニ至レリ

赤魔ノ謀略茲ニ至リテ極マレリ
日本ノ天皇ハ絶對ノ御方ナリ
絶對ニ降伏ナシ
天皇ノ軍人ニハ絶對ニ降伏ナシ
我等航空隊ノ者ハ絶對ニ必勝ノ確信アリ
ポツダム聲明ヲ承服スル時ハ天皇ヲ御滅シ奉ルコトトナル故ニポツダム聲明ノ履行ノ命令ニ服スルコトハ大逆無道ノ大不忠ヲ犯ス事ナリ
外國ノ軍隊ノ神州ニ進駐シポツダム聲明ヲ履行スル時ハ戰爭ヲ繼續《けいぞく》スルヨリ何百何千倍ノ苦痛ヲ受クルコト火ヲ見ルヨリ明ナリ
今ヤ天孫御降臨以來未曾有ノ大禊祓《けいふつ》ハ行ハルヘシ
斯クシテ國内必勝ノ態勢ハ確實《かくじつ》ニ整備サルヘシ
今コソ眞ニ一億總蹶起《そうけっき》ノ秋《とき》ナリ

というものだった。

小園の軍法会議の判決文によれば、この檄文が関東一円の各都市陸海軍航空部隊に撒かれたのが十五日で、翌日に東北地方から九州まで撒かれたとなっている。雨宮の十六日の日記では「ガンルーム（士官次室）［中尉以下の士官を次室士官という］では昨日から徹夜で数千枚の伝単（ビラ）が作成され、基地近辺はもとより、日本中に飛行機でばらまいているという話だった」と記されている。

森岡大尉はビラを撒くために練習戦闘機（九六式陸攻）に乗り、厚木から横浜、鶴見に向かい、さらに東京方面に進路を向けた。

「焼け落ちて上空からまる見えの小田急新宿駅プラット・ホームに群がる乗客は、私たちの撒いたビラに向かって走り寄っていった」（『森岡』）

『鞍馬天狗』の原作者として知られる小説家の大佛次郎は鎌倉に住んでいたが、十六日、出入りの豆腐屋が顔を出し、「材木座に海軍機が来て海軍航空隊司令の名で大詔は重臣の強要せしものにて海軍航空隊は降服せずあくまでたたかう旨のビラを撒きしと」と日記に記している（大佛次郎著『大佛次郎　敗戦日記』草思社）。

米内《よない》光政海軍大臣は小園のビラにすぐに対応した。ポツダム宣言受諾は天皇の真意であることを伝える電文を十六日に部内各庁長宛に送った。

その電文で米内は、ポツダム宣言受諾に関しては浮説があるが、実際は最高戦争指導者会議と閣僚の間でも意見がまとまらず、決定を御前会議に移し、それでも意見が一致しなかったので、「御聖斷《ごせいだん》を仰ぎ奉りたる次第」で、陛下の思召しを謹んで伝えると前置きして、「戰鬪《せんとう》終結ニ對スル決心ハ躬《みずか》ラノ熟慮ノ結果」という天皇の言葉を伝えている。

小園のビラの記述を信じた者もいた。徳島海軍航空隊にいた城武夫はＮＨＫのインタビューで当時のことを語っている（「BSプレミアム　零戦〜搭乗員たちが見つめた太平洋戦争〜」放送日二〇一三年八月三日、一〇日）。

城は日本が戦争を止めることはないだろうという気持ちでいた。そこに、厚木の航空隊から彩《さい》雲《うん》（偵察機）が飛んできて、檄文を撒いた。

それを見て城は、「これが当たり前だ、アメリカが来たらやってやろう」と思った。

城は言う。

「彩雲が撒いたビラをはじめは本気にしとったですよ。日本に戦力が残っている限り、尽きるまでやるべきだという信念だった」

寺岡中将の説得

海軍はすぐに小園説得に動いた。

十五日午後六時過ぎ、第七一航空戦隊司令官山本栄大佐が、さらに翌日海軍総隊司令部（総司令長官小沢治三郎《じさぶろう》中将）の菊池朝三《ともぞう》参謀副長（少将）が小園の説得を試みたが、小園は応じない。菊池の報告を聞いた米内海相は激怒して、「総隊長官を介して戸塚横鎮［横須賀の鎮守府］長官に厚木討伐を命じさせたが、寺岡［謹平］三航艦長官の懇請で、長官自ら説得するゆえ討伐の延期を願った」（『高木』）。

十六日に厚木飛行場の兵隊たちに出された昼食は、ここ数年ご無沙汰だった混じり気のない白米だった。その日、第三航空艦隊司令長官寺岡謹平中将は副官を連れ、日吉の総隊司令部の小沢長官と打ち合わせてから厚木飛行場に向かった。着いたのは小園によれば午後三時頃（「判決文」では午後二時）である。

寺岡は抗戦を叫ぶ者たちの心情は理解していた。「特攻より降伏という百八十度の轉換《てんかん》は、殊に航空の猛者《もさ》連としては仲々困難なことあり」と日記に書いている（寺岡謹平著「敗戰まで《太平洋戦争日記抄》」『改造』、一九四九年十二月号、以下「寺岡」）。

小園は副長の菅原英雄中佐に士官二、三人に軍刀を持って司令室付近にいるように命じてから寺岡を迎えた。寺岡が来たことを知った若い士官たちは、「ただでは帰すな」と、軍刀を腰に、殺気を帯びて司令室の前に立ち塞がった。

森岡によると、寺岡はびくともせず司令室に入った。

寺岡は、小園と二人だけになり、「司令の採つた行動が不穩當《おんとう》であり、且つ誤まれるを指摘し反省飜意を勧告した」（「寺岡」）。

小園は寺岡の「溫寬で高潔な人柄」（「小園」）に敬服していたが、私情を挟むわけにはいかない。

「今、陛下が重臣どもの犯した誤りの責を御負ひなされて敵手に御身を委ねなさらうとしてるるとき、吾々臣民たるものが安閑としてこれを看過することができますか。この詔勅は御悩みの詔勅であります。このやうな詔勅が降つたときには、時を移さず陛下の御惱みを除去することに努力することが、臣下の務めではありませんか」と寺岡に言う。

これは小園の手記による。寺岡の日記では、小園が長年研究した国体の本義を説いて、天皇に降伏なしと断じ、ポツダム宣言受諾はわが帝国の滅亡であり、これは君側の奸の所業だから、聖明の雲が晴れたら大詔再降下必至であると信じると言い、相模湾方面警備の陸軍部隊、東京の陸軍高級司令部、各航空部隊、各工廠工員等への連絡がすでにできていると誇示したとある。

それに対して、寺岡は、

「君の忠誠心はよくわかるが、大忠もやりようによっては大不忠となる。今日の場合は承詔《しょうしょう》必《ひっ》謹《きん》［天皇の詔を承り、謹んで必ず実行する］がただ一つの道である。熟考して誤りのないようにしてもらいたい」とさらに説得するが、小園は「長官のいうことはよくわかりました。わざわざありがとうございます」と言うだけで、戦争継続の構えを改める様子はなかった。

説得を諦めた寺岡を見送って室を出ると、廊下にも庭にも軍刀を持った二十人ほどの士官がうろうろしているのに小園は驚いた。寺岡の副官によると、聞き耳を立てていた士官もいたという。

寺岡は再び日吉に行き、小沢長官に報告。小園から陸軍部隊にどの程度の連絡があったのか調べる必要があると具申した。

海軍省は十六日午後四時に小園大佐に対し第三〇二海軍航空隊司令の任を解き、横須賀鎮守府付とし、第七一航空戦隊司令の山本大佐に第三〇二海軍航空隊の司令を兼務させる辞令を出した。

しかし、小園にとってそのような辞令は無きに等しく、連絡のために基地を訪れた陸軍連絡将校に対して抗戦熱を煽った。副長の菅原中佐以下の士官たちも小園に呼応し、「抗戦継続ノ為猛烈ナル飛行訓練ヲ実施スル等被告人〔小園〕ヲ中心ニ結束シ抗戦継続ニ向ツテ活発ナル行動ヲ」（「判決文」）続け、小園は陸軍と連携して東京占領まで企てた。

森岡によれば、この間航空隊の飛行機を増やしていった。他の航空隊で皆復員しているとの情報を得ると、そこに行って飛行機を奪ってこようと考え、零戦に二人ずつ乗り込んで、帰りは二機になって帰ってきたという。

飛行機が増えたので、整備員は多忙になった。搭乗員は、今度は俺のだ、いや俺のだと、自分の飛行機を持てるのが、このうえもなく嬉しそうだった。飛行場の周囲は銃剣をつけた番兵をして哨戒させた。

「厚木航空隊は、いまや司令以下全員戦闘待機。まさに風雲をはらんで一触即発の状況にあった」（「森岡」）

補充兵の雨宮は、下士官から、「いちばん張り切っているのは搭乗員だ。上陸米軍と戦うとしても、武器弾薬が足りない。士官が武器収集に八方飛び回っている」という話を聞く。また、小隊長がつぶやく。

「戦争が終われば、お前たちは働くところがあるからいいが、おれなんか、とたんに食いっぱぐれだ」

それを聞いた雨宮は、昨日の司令訓示以後の一部の士官や下士官の気負いの底には、この小隊長と同じ感情が働いているのではないかと考えた。

小園司令、マラリアが悪化する

十六日の夜遅く、戦争継続の柱となるべき小園がマラリアを再発し、症状が悪化していく。士官室で作戦計画を練っていたところ、両手の指先から震えだした。小園は、かねて聞いていた神懸り状態だと直感する。そのままにしていると震えが大きくなっていく。

「椅子から躍り上がりながら、天照大神を二聲、天壌無窮《てんじょうむきゅう》［天地とともに永遠に続くこと］、絶對必勝を叫んで士官室を飛び廻りやがて隅のソファーに蹲《うずくま》つた」と小園は自ら書いている。

その場にいた軍医長と副官は驚いて小園を司令寝室に運んだ。

「それから後は幻像を見てゐた。そしてこれが天壌無窮だ、これが無だと云ふ幻像を見終つたときに我に歸《かえ》つた」

ベッドのまわりでは部下たちが心配そうに見守っていた。

翌十七日、上層部からなんの指示もないので、下士官以下兵隊たちは体を持て余していたが、午後、急に戦闘教練実施の命令が出た。

「私たち新兵分隊にとっては、召応以来一年余にして、初めての戦闘教練である。散開、伏せ、匍匐《ほふく》前進、手榴弾投擲、突撃。汗と泥にまみれて、地べたを這い、走った。が、多少あほらしくもあった。ケンカが終わってから、ゲンコの振り回し方を教わる。まるで漫画じゃないか」（「雨宮」）

小園、士官、下士官たちと末端の兵隊たちとの間には温度差があったようである。

この日の夕刻、小園の手記には書かれていないが、寺岡によれば、小園は第三〇二航空隊員を集め、従来の積極的行動を止め、自重することとし、司令の許可なくしてはビラを撒いたり、邀《よう》撃《げき》（迎撃）戦闘を実施したりしてはいけないと示達したという。この頃、小園にまたマラリアの症状が出た。午後から興奮しはじめたと小園は書く。熱も出て、満足な指揮がとれない状態になったので、上記のような指示を出したのだろうか。その後、「狂亂《きょうらん》狀態に陷り」（「小園」）、翌日の朝まで續いた。

「これによつて隊員は動搖し、樹てた作戰計畫は實行出來なくなると云ふことは意識しながら、自分の意志ではどうともならず、後には只神のまに〳〵と云ふ氣持ちになつてゐた」と小園は振り返る。

それから野比海軍病院（横須賀市。現・独立行政法人国立病院機構久里浜医療センター）の精神病棟の監禁室で目覚めるまで、小園の記憶はない。

小園の記憶がない、その間何が起きていたのか。

十七日、横須賀鎮守府では戸塚長官を中心に厚木航空隊の問題を協議。小園司令は説得しても思い直すような男ではないから、十九日早朝に武力行使に出ることになった。横浜鎮守府の陸戦隊を差し向ける計画である。

協議に加わっていた第三航空艦隊の高橋千隼《ちはや》参謀長からそれを聞いた寺岡中将は待ったをかけた（これは寺岡の記述による。高橋が参謀長に就任したのは八月二十六日だが、すでにその任を担っていたということか）。「兵力行使は最も慎重を要することだ」と、他の方策について考えるよう高橋に命じた。また、戸塚長官から二・二六事件の時のように「今からでも遅くない」といった旨のビラを撒いてはどうかという案が出たが、寺岡は厚木の状態は敵視すべきような性質のものではないので、そういうことをしてはかえって逆効果だと反対した。

十八日、戸塚長官ら関係者が集まって小園対策を改めて話し合い、武力行使の延期を決めた。その理由は、寺岡によると、小園司令が十七日夕刻の示達で反省の色が見えること、下士官は興奮状態にあるものの、士官たちは落ち着いてきていること、小園が精神に異常を来している疑いがあることだった。

山本新司令の赴任は、隊内の動揺を来す恐れがあるから少し待ってほしいという、菅原副長からの連絡があった。その理由を寺岡が後日確かめると、隊員は小園司令に対して絶対服従だが、他の指揮官は信頼しない。それで菅原がなんとかして小園の口から承詔必謹を説かせて、隊員の鎮静を図ろうと努めたとのことである。「副長の菅原英雄中佐が隊内でほとんどただ一人、事態を平静に復そうと苦心している」（阿川弘之著『米内光政』新潮社）人物だった。しかし、これは成功しなかった。

このような事態に、八月十七日に首相になっていた東久邇宮稔彦は苛立っていた。陸海軍の全飛行機の武装解除と飛行不可を命じていて、陸軍は済んでいたが、第三〇二海軍航空隊は米内海軍大臣の命令を聞かない。

「閣議をしている時も、首相官邸の上を飛ぶので、そのたびごとに海軍大臣に注意していた。もし米軍先遣隊が厚木飛行場に進駐した時、わが方がこれを攻撃でもしたら、無条件降伏をしたことに反するばかりでなく、将来、米軍に行動の自由を許す口実を与えることになる」（東久邇稔彦著『一皇族の戦争日記』日本週報社）

国務大臣兼内閣書記官長だった緒方竹虎は東久邇宮の命で米内のところに出向いた。米内は「大丈夫だ」と落ち着いている。

「大丈夫じゃない。陸軍機はプロペラをはずして全部飛べないようにしてあるのにいま飛んでいるのは海軍機ばかりだ」と緒方。

米内は落ち着いた様子だったが、「實はあとで電話をかけて輕擧をいましめていたのだという」（緒方竹虎談「時事新聞」昭和二十四年九月二日、外務省編『終戦史録』所収）。

十八日、小園司令が昨夜従兵に突然、おかしなことを口走りはじめたという話が補充兵の雨宮たちの耳にも入った。さらにより具体的な小園の様子が伝えられる。

「司令の状態は一層悪化し、両手を振り回しながら、訳の分からぬことを絶叫して荒れ狂っている。若い士官たちも、どうしていいか分からず、ただ遠巻きにして眺めている。（中略）司令発狂のニュースは、新兵分隊にとっては、『これで生きて帰れるかもしれない』と期待を抱かせるものだった」（『雨宮』）

高松宮の説得

小園の変化は士官たちに衝撃を与えた。

森岡大尉は、今まで極度に張りつめていた隊員たちは、支柱を失いがっくりとなったと書き、続ける。

「いまや誰を信じ、誰の言に従えばよいのか。世情から隔離され、一途に長期抗戦のみを目標にしてきた隊員は、もはやたづなを切られた荒馬同様だった」

一方、高木惣吉によれば、軍務局内の小園の同僚たちは、みすみす戦友が逆賊の汚名を着て討伐されるのを見るに忍びなく、天皇の弟、高松宮宣仁《のぶひと》から電話で説得してもらうよう手配したという。そして、小園に電話に出るよう説得させるために海上護衛総司令部（通商護衛を行う部署）参謀の大井篤大佐を厚木に差し向けた。

その大井は突然海軍省に呼ばれ、「おまえが行って司令を電話につかせてくれ、殿下から電話でお話があるから」と命じられたと書いている（大井篤手記「天皇制と太平洋戦争」『終戦史録』所収）。

高木によれば、大井は任務外だと嫌がった。「たつたそれだけの今から考えると馬鹿げた役目」

と大井は思ったが、命令ということで、厚木飛行場に向かった。その頃、小園は狂乱状態だった。

「八月十九日の夕刻、私は同飛行場に参りました。意外にも司令は私の到着少し前に發狂して催眠注射を受けベッドに眠つていました」

大井はこう書いているが、高木は、大井が司令室を覗くと、小園は「まる裸で、窓から出入りして祝詞《のりと》に似た文句を口走りながら、異常の姿である」としている。

高木の記述は伝聞によるものだから、実際に見た大井の記憶を尊重して、小園大佐は「眠っていた」としよう。

大井に向かって軍医官が言う。

「陛下おんみずから、御自分のお考えで、終戦を決定されたとしても、それが誤ったお考えであれば、臣下はそれを正してやる責任があるはずです。司令は熱心な国体研究家で、あそこに重なっている本はほとんどみな国体研究の本なのですが、国体を心配して発狂されました。しかし、私共には天の岩戸の神楽の故事を引用し、天皇がもし間違ったお考えをもたれたら、臣下はこれを正してやらねばならぬと、司令は説かれました」

小園とそれに従った士官下士官たちは、このような使命感を持っていたのである。あるいは自らの行動の正当化をこのような形でしていたのかもしれない。

大井は厚木飛行場に行ったのは十九日としている。一方、高松宮は十八日に説得のための電話をかけている。しかし、つながる電話がなく、しかも、小園は今高熱を発しているというので、その日は諦め、翌日に改めて電話をする。

「厚木空ニ電話セルモヨク聴エズ。小園司令オキテコレヌノデ飛行長ニ話ス」（高松宮宣仁親王著『高松宮日記』中央公論社）

飛行長は山田九七郎少佐。小園への「判決文」によれば、高松宮が「ポツダム宣言受諾のご聖断は真に陛下の大御心より出でさせられたるものである」と伝え、山田は「戦争継続の意思を翻すに至った」のだが、岩戸良治中尉以下の次室士官らは翻意しなかったとある。

高松宮の日記には「聴エズ」とあるが、これは山田が対応に苦慮し、「よく聞こえません」と応じたことによるようだ（相良俊輔著『あゝ厚木航空隊』光人社）。

十九日午後、小園に代わるべく、山本大佐が厚木基地に入った。それに先立って、山本の赴任に万全を期すため、第三航空艦隊の高橋参謀長が厚木に入っていた。しかし、山本の司令としての執務はしばらく待つことにした。「士官室士官は全く沈静に復し、隊内一般も極めて平穏であるが」（「寺岡」）、分隊士級以下下士官兵はそうではなかったからだ。

その夜、麻酔剤を使って小園を入院させようとしたが、効き目が十分でなく、入院させることはできなかった。

八月二十日、厚木に集まっていた菊池朝三総隊参謀副長と高橋は山本司令をまじえ、山本が新司令としての執務を始めること、小園大佐を速やかに入院させることを打ち合わせた。そして、山本新司令は隊員に降伏を説得したようだが、「かえって隊員の心を刺激した。兵器科の兵隊は七・七ミリ旋回銃を持ち出して、新司令を撃ち殺すといって騒いでいる」（「森岡」）。

同日、「〇七・一五総員号令台前集合」の達しがあった。「司令が狂っちゃったから、戦争はもう終わりだ」という観測が圧倒的だったと、雨宮は書く。兵隊たちはうきうきしながら集まった。しかし、菅原副長の訓示は、小園司令の様子をありのままに伝え（雨宮の速記録では「二、三日前カラマラリアノ発疫、ソシテコンドノコトニ関スル心労、ソウイウモノガ重ナッテ、二、三日前カラ少シオカシクナッテキタ」とある）、さらに、「司令の訓示を守って極力言動を慎むように」と話した。菅原は、司令の様子を知って動揺する隊内を鎮めようとしたのだろう。「司令の訓示を守って極力言動を慎むように」というのは、寺岡が記している「自重するように」という小園の示達と一致する。

菅原の話は「結局、司令の意志をそのまま引き継いでいくということじゃないか」と雨宮をがっかりさせた。しかし、同日のうちに事態は急変した。

二十日の高松宮の日記には「海軍省ニ立寄リ、３０２空副長、整備長ト語ル」とある。副長とは菅原中佐、整備長とは吉野実少佐である。二人は高松宮に呼び出され、宮から一時間半ほど説得された。

小園大佐に対する判決文には、高松宮が菅原らに「陛下ガ第三〇二海軍航空隊ノ抗戦継続態度ニ付痛ク御軫念《しんねん》遊バサレ居ルコト」、今回の聖断は「真ニ大御心」から発せられたもので、他の何者の謀略によるものではないので、承詔必謹の態度を持つべきこと、「国体護持ハ皇室ノ存続並ニ国民ノ絶対服従ノ存スル限リ可能ナルコト」等を話し、菅原らは「恐懼《きょうく》（おそれかしこまる）

帰隊」したとある。

厚木飛行場に戻った菅原はこの説得を受けて、同日夜、准士官以上を士官次室に集めた。集まった面々を前に菅原は、高松宮の話を伝え、抗戦継続は国家的に見て不利なので断念すべきであると、隊の方針を明らかにし、軽挙妄動を慎むように命じた。

森岡大尉によれば、菅原中佐は厚木航空隊だけが頑張ってもどうにもなるものではないと、考えていたようだ。「副長の意見は、早くからその点で司令と意見が合わず、下士官、兵に狙われたことさえあった」と森岡は言う。

厚木航空隊事件の収束

二十一日、小園大佐は野比海軍病院に入院させられた。高木惣吉によれば、「三航艦の原口軍医長が呼ばれ、司令を注射で眠らせ、寝台に縛りつけて」病院に運んだとのことである。時刻は正午としている。これは病院に入った時刻だろう。判決文では二十一日午前中としている。

この時の模様について、「その実行者として父たち参謀の名をあげつらった実録記が出版され」、その本によると、「米内海軍大臣の意向を受けて、終戦処理にあたった参謀たちが、障子の陰から麻酔ガスを噴霧して」眠らせたというが（後述する中山正男の『にっぽん秘録』にこのような描写がある）、「父は苦笑いしながら『こんなスパイ映画もどきのことが俺にできるわけがない』と語っていた。実際は命令を受けた航空隊軍医長の少佐が行った」と、神経内科医の小長谷正明が書いている(『医学探偵の歴史事件簿』岩波書店)。「父」とは、小長谷睦治《こながやむつはる》海軍少佐のことで、小長谷少佐は厚木航空隊事件収束後に、後述する厚木飛行場の整備に尽力する。

また、この時、海軍総隊航空参謀だった淵田美津雄大佐は、意図的に小園を狂乱者扱いにしたと、自伝に書いている。淵田は、海軍総隊航空参謀という立場と、小園司令に対する年来の親友としての関係から、彼と刺し違えてやろうと決意して日吉から厚木飛行場に向かった(淵田はこの日を八月二十四日としているが、これは淵田の記憶違いだろう)。飛行場に着くと副長の菅原中佐と面会し、小園の様子を聞いた。菅原は「疲労の極に達している。加えて、ラバウル以来のマラリアが再発したらしく、高熱つづきで、あらぬことを口走り、酒を呑んでは気狂い同然です」という。この「気狂い同然です」という言葉を聞いた時、淵田に名案が浮かんだ。

「ヨーシ、安《あん》ちゃん〔淵田らは小園をこう呼んでいたという〕と刺し違えるどころか、彼を気狂いとして扱ってやろうと決心したのであった」(「淵田」)

淵田がこう考えたのには理由があった。このままでは小園は軍法会議で党与抗命罪(徒党をなして命令違反を起こした罪)となる。心神喪失者ならばそれを免れると考えたのである。

淵田は菅原に小園をなんとかして取り押さえろと命じた。淵田が司令室の小園を見ると、小園はソファーにもたれてぐったりしているが、軍刀を股にはさんでいる。そこで、「隙を見て、みんなではいり込んで、取り押さえ、軍医長を呼んで麻酔剤を注射して貰った」(「淵田」)。淵田は、意識不明となった小園を「気狂い」として救急車で野比海軍病院の精神病棟に送り込んだ。

寺岡中将は二十日の夜から厚木飛行場に泊まっていて、その夜は「小園司令終夜狂亂狀態にて大聲怒號拔刀殺傷《たいせいどごうばっとう》を叫びて物凄く、隣室寢臥《しんが》の余は一瞬の睡眠をも取ることが出來なかつた」と日記に書いているので、注射をしたのは二十一日になってからなのだろう。

二十一日の午前七時半、寺岡は第三〇二海軍航空隊の准士官以上を集め、聖断の実情を説明し、さらに大西瀧治郎中将が自刃した際（十六日）の「我が死にして軽挙は利敵行為なるを思い聖《せい》旨《し》に副《そ》い奉り自重忍苦するの誡《かい》ともならば幸なり」という遺書を朗読し、軽挙妄動を慎むよう厳戒して、九時からの木更津での会議に出席するために厚木飛行場を発った。

午前八時、号令台の前に第三〇二海軍航空隊の全員が整列した（恐らく小園が基地から運ばれていってから）。菅原中佐と山本大佐が肩を並べてやってくる。菅原が皆の前で訓示する。その内容を雨宮の速記では次のように記している。

「高松宮殿下御自身、当隊ノコトニツイテ、非常ニ御心配アラセラレルト考エタノデ、昨日コノオ詫ビ旁々《かたがた》、当隊ノ現状ヲオ話スルタメニ殿下ノモトニ行ッタ。（中略）一時間半ニワタッテコノ問題ニ関シテ懇々トオ話ガアッタ」

菅原は何かを思い詰めているような、必死の表情を見せていると、雨宮の目には映った。雨宮は「今度こそ、本当に戦争は終わったぞ」と確信した。

菅原は訓示が終わると、新司令となった山本大佐を紹介。山本は第三〇二海軍航空隊の解散を宣言。二十六日にここに米軍が進駐してくるから、機密文書を整理焼却し、給与を貰って速やかに退隊せよと命じた。武装解除も指示した。

「ただいまより武装を解除する。飛行機はプロペラを外し、車輪はパンクさせる」

しかし、これを受け入れない者たちがいた。岩戸良治中尉らは前夜の菅原の翻意に憤り、抗戦継続の信念をさらに固めていたのである。

武装解除を命じられた時、森岡大尉は自分の機のプロペラが外されるのを見るに耐えられず、飛行場には行かず、隊から五分ほどのところにある下宿に自転車で行き、十分ほどで戻りかけた時、爆音を聞くのである。見上げると零戦が飛び交っている。「しまった。うちの飛行機だ」。森岡は全速力で飛行場に駆けつけた。菅原副長は「隊長、どこへ行っていたか」と森岡を怒鳴りつけ、目の前で始動している零戦のプロペラめがけ、自分が乗っていた自転車を投げつけた。「バリバリと自転車は一瞬で吹き飛んだ」（「森岡」）。阿川弘之はこの時の様子を「一機でも阻止しようと、自転車でエプロン〔飛行機を駐機するところ〕へ駆けつけ、『やめろ、やめろ』と叫び廻っても、爆音に声がかき消されて効果は無く、菅原副長は憤激のあまり零戦に体あたりして自転車ごとプロペラに跳ねられたりした」（『米内光政』）と描いている。

零戦、雷電、月光、銀河、彗星、彩雲が上空で乱舞し、北方に向かっていった。

「私は怒鳴りたかった。彼らの気持ちもわかりすぎるくらいわかっている。しかし、それが何になるというのだ。名誉ある厚木航空隊の最期は支離滅裂になってしまった」（「森岡」）

「判決文」によると、岩戸中尉以下次室士官二五人、下士官五七人が「抗戦継続ノ志ヲ同ジウスル陸軍部隊ニ赴キ宣戦大詔ノ再渙発ヲ待タント」したのだ。零戦二一機を含む三三機が向かったのは埼玉県にある児玉陸軍飛行場（現・本庄市上里町）と狭山陸軍飛行場である。

午後二時半頃木更津での会議中にこの知らせを受けた寺岡中将は、高橋参謀長らを連れて飛行機で厚木飛行場に戻った。飛行場に着陸すると、次室士官たちは日本刀を片手に物々しい。士官室に行き、山本司令から状況を聞いた寺岡は、三時半、飛行隊と整備分隊の全員を集め、プロペラのとり外し、燃料の抽出を本日中に実行するよう厳命し、

「一時の感情にかられて軽挙妄動することは大不忠の臣である。余は諸士の長官として不忠の臣の指揮者たることは断じて潔しとしない。今後余の命令に背かんと欲する者あらばまず余を今直ちに斬って然る後に行動せよ」と諭した。

その夜の十二時、機銃砲台や小銃、拳銃を発砲する者、ピアノを演奏する者、送別の会を催す者などで隊内は騒然とした。翌二十二日の朝、発砲した理由を寺岡が質《ただ》すと、最愛の兵器と別れるのが辛く、思い出に撃ったという。この日、暴風雨の中、彼らの復員が始まる。

児玉と狭山の陸軍飛行場に向かった岩戸たちはどうなったか。寺岡の日記に沿って経緯を見てみよう。

●二十一日、寺岡と厚木飛行場に戻った高橋参謀長が狭山飛行場に飛び説得するが、応じないので、翌早朝までに態度を決するよう命じて厚木飛行場に戻る。

●二十二日、児玉飛行場にも着陸したのを知り、早朝第三飛行隊長清水大尉らが飛んだが、天候不良で引き返し、午後さらに天候が悪化したのでトラックで向かおうとしたが、暴風雨で断念。

同日、狭山飛行場に降りていた二五人が零戦一五機、彗星一機に搭乗して厚木飛行場に戻った。ほかに三人いたが、これは二十四日銀河で海軍の藤枝飛行場に降りた。

●二十三日午前十時、清水大尉らが一式陸攻で再び児玉飛行場に。同飛行場には番兵以外連絡を取る者がいなかったので、彗星五機、彩雲三機、九九式艦上爆撃機一機、零戦二機、機上作業練習機一機計一二機の車輪をパンクさせて戻る。

●二十四日、高橋参謀長らが児玉飛行場に向かい、状況を調査。岩戸中尉以下の脱出者は帰投。

これら脱出者の処分は、狭山飛行場から戻った者は、「一時の激情に駆られて飛び出したもので、改心の情顕著」(「寺岡」)との理由で士官は謹慎十日、下士官は禁足十日となったが、すでに復員が始まっている状況なので復員となった。児玉飛行場から戻った岩戸中尉らは軍法会議に回された。

高松宮は二十三日に厚木基地に出向いている。「厚木総員離散シ散々ノ態ナリ」(高松宮宣仁親王著『高松宮日記』)という状況だった。

第三〇二海軍航空隊飛行長の山田九七郎少佐は、愛妻と服毒自殺。二十六日に発見された。

小園は軍法会議にかけられ、十月十六日、判決が言い渡された。「被告人ハ支那事変勃発以来各地ニ転戦シテ功績少カラザルモノアリ今回ノ行為亦《また》憂国ノ至情ニ出デタルモノナリト蝟《いえど》モ国家非常ノ際部下ト党與《とうよ》シ其ノ首魁トナリ詔書ノ御聖旨ニ悖《もと》リ且上官ノ命ニ従ハズ飽ク迄抗戦ヲ継続セントシタルモノニシテ」（「判決文」）、党与抗命罪で無期禁錮となった（二十一年には禁錮二十年に減刑。さらに二十五年に禁錮十年、同年仮釈放され、昭和二十七年、恩赦）。

宮城《きゅうじょう》事件、愛宕《あたご》山事件、そして松江騒擾事件

小園やそれに従った士官、下士官と同じ思いの日本人は多かった。そして、敗戦時、一部の軍人や右翼民間人が小園のような突出した行動に出た。

その一つが宮城（皇居）を舞台とした陸軍将校によるクーデター未遂である。

小園が戸塚長官に戦争継続を訴えた同じ日の八月十二日午前十時頃、竹下正彦中佐ら陸軍省の中佐、少佐が陸軍大臣室に押しかけ、阿南惟幾陸軍大臣にポツダム宣言受諾を阻止すべきと詰め寄っていた。竹下は義兄である阿南に「もし阻止できなければ切腹すべきである」とまで言った。大臣秘書官だった林三郎大佐によれば、阿南は「竹下はひどいことを言う奴だ。腹を切れとまで言わなくてもよさそうなのに、自分のような年輩になると、腹を切ることは左程むずかしくない」（林三郎著「終戰ごろの阿南さん」『世界』昭和二十六年八月号、岩波書店、『終戦史録』所収）と話したという。

そして、十三日午後三時頃、陸軍から大本営発表なるものが各新聞社に配られた。主戦派の将校たちの勝手な行動だった。その内容は「皇軍は今や新たに勅命を拝し、米、英、ソ、支連合軍に対し全面的作戰を開始せり」（外務省編『終戦史録』）というものである。阿南陸相や梅津美治郎参謀総長にとって寝耳に水。新聞社から迫水久常書記官長に連絡が入り、迫水は阿南に報告、阿南は発表前に止めて事なきを得たが、主戦派の将校たちのポツダム宣言受諾阻止の行動は続いた。

その後の動きを時系列で追ってみよう。

十三日夜、陸軍省軍務局軍事課の将校たちが起案した計画を軍事課の荒尾興功《おきかつ》大佐らが阿南陸相に報告。その計画は、前出の林によると、日本が希望する条件を連合国が容認するまで交渉を継続するよう天皇の裁下を仰ぐこと、使用兵力は近衛第一師団と東部軍管区の諸部隊、東京都を戒厳令下におき、要人を保護し（和平派を隔離）、陛下を擁して聖慮の変更を奏請《そうせい》すること、これらの実行は、陸軍大臣、参謀総長、東部軍管区司令官（田中静壱《しずいち》大将）、近衛第一師団長（森赳《たけし》中将）の全員の同意を前提とすること、というものである。

十四日朝、阿南は梅津参謀総長に会い、兵力使用について意見を求めた。梅津は賛同しなかった。同日、御前会議で阿南は抗戦を主張したが、終戦の聖断が下った。

「阿南は、決して主戦一方の男ではなかったんだ。（中略）主戦論の強い陸軍を代表する大臣として陸軍を混乱に陥れずに終戦にもっていくため、心ならずも戦争継続を論じなければならない立場だったんだろう」と、岡田啓介（元首相、海軍大将）は回想する（『岡田啓介回顧録』中央公論新社）。

午後三時、阿南は陸軍省職員を集め、聖断に従うように訓示した。この中には、軍務局の畑中健二少佐ら暴走する将校の姿はなかった。彼らは宮城を占拠する計画に邁進する。

夜十一時頃、畑中は窪田兼三少佐、航空士官学校の上原重太郎大尉とともに森近衛師団長と面会、自分たちの行動に賛意を求めたが、森師団長はそれを退けたため、三人は森師団長を殺害。同席していた森の義弟白石通教《みちのり》中佐も斬殺した。そして、「師団は国体護持のため宮城を占拠し、天皇陛下を守護し奉る」（防衛庁防衛研修所戦史室『本土決戦準備』朝雲新聞社）等の偽の師団長命令を出す。それによって、一部近衛連隊が宮城と放送局に乱入するなど騒動となった。

しかし、彼らの抵抗はそこまでだった。十五日未明、田中東部軍管区司令官が動き、これを鎮圧する。

阿南陸相は同日五時半頃割腹。反乱を主導した畑中少佐、椎崎《しいざき》二郎中佐は宮城前で、古賀秀正少佐は森師団長の亡骸の前で自決する。

一方、芝の愛宕山では右翼団体員が集団自決する事件が起きた。

飯島与志雄を中心とする右翼団体尊攘同志会の一二人がポツダム宣言受諾に反対し、「軍の抗戦派が必ず反乱を起こすであろうから、自分達もこれと相呼応して決起し、終戦派を打倒して徹底抗戦の態勢を確立しようと画策」（『警視庁史』警視庁史編さん委員会）、日本刀、拳銃、手榴弾などで武装して愛宕山に集合したのである。親友だったという児玉誉士夫によれば（児玉誉士夫著『悪政・銃声・乱世　児玉誉士夫自伝』廣済堂出版）、飯島は国学院大学卒で若い頃から国家主義運動に身命をかけてきた男だった。

尊攘同志会のメンバーは八月十六日に木戸幸一内大臣私邸に押しかけ、木戸との面会を強要したが果たせず、翌日、木戸の義兄宅にも行ったが、木戸とは会えなかった。そして、十九日の夜、警察が不穏なビラを持っている不審者を見つけ、取り調べたところ、飯島らが愛宕山に結集していることが判明。警視庁、東京憲兵隊が説得にあたったが、「われわれはすでに死を決していて、警察と一戦を交えて全滅することも辞さない」と、拒絶した。説得が続けられ二十一日になる。占領軍の到着の日は迫っている。警視庁は実力行使に出ることにし、二十二日、「午後五時までに解散すべし。もしこれに応じない時は、実力をもって検挙する」と警告。児玉も警視庁と憲兵隊の依頼で説得にあたった。児玉によれば、飯島は説得に応じ、二十三日朝に下山して解散すると約したという。しかし、包囲していた警官隊らは二十二日午後五時に行動を起こした。以下、『警視庁史』によって再現すると、正面階段に漆間仙平警部指揮下の七〇人が突入態勢で待機、女坂と裏参道には特高第二課員が待機。午後五時になったので最後の説得を試みたが、応じないので、五時四十分、警察隊は威嚇のために空砲を十数発発射して、突入しようとした。その時、飯島らの集結地点で爆音が轟いた。飯島らは手榴弾で爆死したのである。その数は一〇。二人は説得に応じて下山していた。

愛宕神社にある弔魂碑には「二十七日払暁同じき所に坐して二夫人亦従容《しょうよう》後を遂《お》ふ」とある。自爆した茂呂《もろ》宣八の妻、かよ子と、摺建富士夫《すりだてふじお》の妻、静子の二人が、五日後に拳銃自殺したのである。もう一人自殺を試みたが、命をとりとめた。

飯島らが自ら命を絶った二日後の二十四日、島根県松江市では県庁が焼打ちにあった。主謀者は岡崎功。岡崎は東京で右翼活動をしていて、天皇の重臣の暗殺を計画し、事前に露見して逮捕され、執行猶予で故郷の松江市に戻っていた。昭和十九年九月のことである。しかし、

愛宕神社の弔魂碑

岡崎は活動をやめない。松江で「大日本言論報国会島根連絡部」の一員となり、終戦時には愛宕山事件を起こした飯島らの尊攘同志会と連絡を取りながら同志を集め、徹底抗戦のための決起を図っていたのである。

「主謀者の岡崎功は、八月十八日、海軍航空隊機が戦争継続を宣伝するビラを撒布したのに力を得て、『我等同志も之に呼応し蹶起せば、必ずや県内は勿論、全国各地の同志及陸海軍は相次で蹶起するに至るべし』と考え、美保海軍航空隊や米子航空機乗員養成所にビラ撒布の飛行機出動を要請した」(松尾寿他著『島根県の歴史』山川出版社)

しかし、軍は動かず、岡崎らは二十三日午後十一時、松江護国神社に集合、松江中学校武器庫から奪い取った訓練用歩兵銃・銃剣をもって行動を起こした。

この事件の参加者は五〇人。メンバーは十八歳から二十歳代の若者で、女性も多かった(松江市発行の『松江市史』によれば、神職が女性を組織したり、農事試験場の助手らが農業技術員養成所の生徒を勧誘したりしたことによる)。

岡崎らの計画は次のようなものだった。

●市内の鉄砲火薬店で火薬類を奪う。
●島根県庁を焼打ちし、知事官舎と検事正官舎を襲撃して知事と検事正を殺害する。
●島根新聞社の活字と輪転機、松江郵便局の設備を破壊して新聞の発行停止と外部との連絡を遮断、さらに変電所の電灯線を遮断して市内を停電にする。

●松江放送局を占拠して決意文を放送し、後続を期待する。

ただ、東京での尊攘同志会の蜂起が失敗したとの情報を得たこと、大本営・政府発表として、連合軍の本土第一次進駐が八月二十六日にも行われると伝えられたことで実行を急ぎ、準備は万全なものではなく、失敗に終わる。県庁の焼打ち（この時、茶店の店主が殺害された）と送電用ケーブルの切断は行われたが、後は新聞社の活字箱を転覆させた程度だったのである。参加者に松江市外の者も多く、地理不案内だったようだ。

各隊に分かれた実行部隊は床几《しょうぎ》山の松江放送局に集まり、放送を強要したが拒否され、警察に包囲されて逮捕された。

このように、降伏に反対する軍人や右翼の抵抗は、犠牲者とわずかな混乱を生んだが、成功することなく終わり、ＧＨＱの日本統治が行われるのである。

［文責＝坂本俊夫］

第三章　安藤明の登場

山澄機関

第一章で触れたように連合軍の厚木到着は予定より四十八時間遅れたのだが、それがわかったのは昭和二十（一九四五）年八月二十五日の夜のこと。当初は連合軍の先遣隊が八月二十六日に、マッカーサーは二十八日に日本に来ることになっていた。米軍の要望は小園大佐が抵抗していた厚木基地。日本側としては二十六日までに受け入れ態勢を整えておかなければならない。しかし、そこには抵抗分子たちが残っていたし、飛行場はプロペラを外されたり、タイヤをパンクさせられたりした飛行機で占領されていた。米軍の飛行機が着陸できる状態ではない。

これらの処理をするために二十二日、海軍側専門機関として緊急に作られたのが大本営厚木連絡委員会という処理機関である。委員長が山澄忠三郎大佐だったので、山澄機関という。山澄機関は二十三日から活動を始めた。

この山澄機関の委員の一人に海軍機関学校出身の小長谷睦治少佐がいた。小長谷少佐によると、山澄機関に与えられた主な任務は次のようなものだった（小長谷睦治著「帝国海軍最後の感謝状と終戦処理費第一号」『水交』水交会、以下「小長谷」）。

・破壊の跡を含む一切の残骸と障害物を飛行場から除き、飛行機の離着陸を可能にすること。
・居住施設を修復し、兵員三千人が居住できるようにすること。
・乗用車五〇、バス五〇、貨物自動車四〇〇、ブルドーザー三、トラクター三を準備すること。

二十三日、山澄大佐や小長谷少佐が厚木飛行場に着いた時、副長の菅原英雄中佐ら数人の士官と下士官が残っていたが、組織としての統制は取れなくなっていて、さらに警備力もなくなっていた。そのため、周辺住民が飛行場内に入り込み、缶詰や毛布などを盗んでいた。

小長谷は、飛行場整備のため、第三航空艦隊麾下の各部隊に整備隊を編成して派遣するように手配し、さらに、「隣接の相模海軍工廠には工員の派遣を求めた。（中略）台湾人少年工四百名が童顔を輝かして基地に来た」（「小長谷」）。

ここで小長谷は相模海軍工廠を「隣接の」と書いている。相模海軍工廠は寒川駅のほうにあり、かなり離れている。隣接していたのは現在のさがみ野駅近くの高座海軍工廠で、ここは戦闘機の雷電を製造していて、終戦までに台湾人少年工約八四〇〇人が働いたところである。小長谷はこちらのことを指しているものと考えられる。厚木終戦連絡委員会の有末中将は、二十五日に飛行場整備のために高座海軍工廠の主として台湾出身者工員に応援を依頼したとしている。小長谷によれば、二十四日朝、これらの人員で飛行場の清掃作業に取り掛かったのだが、有末の記述では二十五日以降となる。

いずれにしても、トラクター等がなく、動かなくなった飛行機を除去するのは難しかった。

二十四日、小長谷たちが苦労しているところに、二人の男がやってきた。佐藤六郎大佐と安藤明である。佐藤大佐も海軍機関学校出身で、第一相模野海軍航空隊副長兼教頭、鹿屋海軍航空隊司令・豊橋海軍航空隊司令などを務め、当時軍需省監督官（中島・大宮工場担当）だった。安藤は重量物運搬業を主な業務とする大安《だいあん》組の社長である。

以下、前出の佐藤大佐の「厚木事件処理の真相(1)、(2)」と「米軍 厚木基地進駐の思い出」（『水交』水交会）、「私の体験秘録」（『海空時報』別冊、海空会、ともに以下「佐藤」）、安藤の「大安クラブ覺え書」（『文芸春秋』一九五二年四月、以下「覺え書」）、それに小長谷少佐の文章を中心に、厚木飛行場の整備問題を彼らが解決していく様子を再現してみよう。

佐藤六郎大佐、厚木飛行場の片付けを命じられる

八月二十三日、中島飛行機の大宮工場の監督官だった佐藤六郎大佐のところに和田操《みさお》航空本部長（中将）から「明二十四日、十時までに航空本部（海軍省）に出頭せよ」との命令が届いた。その夜佐藤は、どうせ海軍省に出向くのならと、海軍から大型機械の運搬などを請け負っている大安組社長安藤明に「中島の疎開機械運搬費を支払うから請求書を持って明日十時までに海軍省

に来るように」と電話で伝えた。「中島の疎開機械運搬」とは、紫電改や彩雲などに使われていた発動機の「誉」を生産していた中島飛行機の大宮工場の設備を、同じ埼玉県の松山町にある吉見百穴（現・比企郡吉見町）に移す作業だった。

安藤によれば、佐藤は「機械をトンネルに入れたりするので有名な男」で、「私はそれを引受ける側の仕事を承つていたのである」（「覚え書」）。

佐藤大佐に呼び出された安藤が霞が関にある海軍省の裏門に着いたのは二十四日午前九時頃だった。佐藤は、木炭自動車が途中で故障し、海軍省到着が遅れた。安藤が来ていることはわかったが、和田中将を待たせるわけにはいかず、航空本部に向かった。

佐藤を待っていた和田は「直ちに厚木基地に行き、小園司令を説得して飛行場を片付け、マッカーサー司令官を迎えよ」と命じた。

「大宮工場の監督官という肩書ではまずいですが」と佐藤が言うと、

「山澄大佐が海軍代表として行っているから、その補佐官とする」と和田。

「ならば、厚木での作業は一切お任せください」

和田から「任せる」との言葉をもらった佐藤は、まず厚木の現状を知るため、軍務局で機関の使用、艦船の保存装備等に関する事柄を受け持つ第三課の吉田英三課長（大佐）のところに行った（佐藤は第二課としているが、吉田は第三課の課長であり、佐藤の記憶違いか）。吉田の説明によると、高松宮の説得も聞かず、小園司令は進駐軍と一戦も辞さない構えで、同調する将兵も多いという。

「厚木で進駐軍に一発でも発砲があると、折角の平和進駐がだめになり、すぐに武力進駐となる。その時は、湘南海岸は絨毯爆撃と艦砲射撃を受けて大損害となるから、海軍は小園大佐を説得して止めさせろと外務省がねじ込んできた」と吉田。

さらに、海軍が厚木飛行場ではなく、木更津か立川の飛行場への変更を希望したが、米軍は承知せず、八月二十六日正午に厚木に着陸と決まってしまったという。また、政府は急いで有末精三陸軍中将を委員長とする委員会を作り、同委員会はすでに厚木に入っているとのこと。

そして、吉田は「小園司令らを説得し、飛行場の片付けを行わなければならないが、これは至難の業だ」と言う。

もっとも、この時すでに小園大佐は病院に収容されていた。吉田はまだそのことを知らなかったようだ。小園が病院に連れていかれたのは二十一日。小園や厚木飛行場の動向は海軍省でも気になっていたはずだが、吉田の話ではその最新の状況を把握していなかったことになる。それくらい混乱していたということだろうか。

佐藤大佐はすぐに厚木に向わねばと、故障が多い木炭自動車でなくガソリン車の手配を吉田に頼んだ。

吉田大佐が自動車を用意する間、佐藤は厚木に着いてからの手順を考えた。

「小園司令とその反乱者の説得はほどほどにして、結論はなくてもよい。彼らは庁舎と兵舎にいるだろう。まず飛行場と第一・第二相空（相空とは相模野海軍航空隊）に行き、篠崎大佐にお願いして、将兵と自動車を借りる」

第一相模野海軍航空隊は厚木飛行場の西に、第二相模野海軍航空隊はその南にあり、前述したように、厚木航空隊とは飛行場を挟んで隣接していた。篠崎大佐とは、第一、第二相模野海軍航空隊司令篠崎磯次である。篠崎も佐藤同様海軍機関学校出身で、余談だが、機関学校時代に、英語の教官をしていた芥川竜之介の教えを受けている。

「一相空と二相空だけで、トラック約八台、トラクター三〜五台、その他乗用車、燃料運搬車等があるから、これらを利用する。将兵は、三〇〇〜四〇〇人いればよい。小園隊の車両を借りられると、ますます有利だ。明日の朝からやれば、一日で飛行場は片付く」

小園大佐たちの説得は難しいが、飛行場の片付けはそれほど問題なく完遂できると佐藤は考えたようだ。

考えがまとまった頃、吉田大佐が戻ってきて自動車がないという。その時、安藤のことを思い出した。外を見ると、ガソリン車で来ている安藤明がいた。佐藤は安藤に自動車を借りようと向かった。

安藤は待たされていらいらしていた。かれこれ一時間経ったと回想する。佐藤大佐は、和田中将に厚木のことを命じられたのは正午頃と書いている。一方、安藤が海軍省に来たのが九時頃。それから一時間だと十時ということになり、二人の記憶にずれがあるが、いずれにしても、安藤はかなり待たされた。

「毎度のことだが、糞いまいましいな。代金を取れなきゃそれでよし」とあきらめ気分でいた時に佐藤大佐がやってきて言う。

「大至急厚木に行くことになった。生きて帰れるかどうかわからない。貴殿の自動車を貸してもらいたい」

これは佐藤大佐の記憶で、安藤の記憶では佐藤大佐は「俺は死ににゆくのだ」と言ったという。失敗したら自決しなければならない命がけの仕事だと佐藤は認識していた。

佐藤は安藤に厚木の状況を話した。それを聞き、安藤が言う。

「生きて帰れないのか。それではお主の骨を拾ってやる。俺も同行する」

安藤は「『ゴロツキ』の喧嘩にでも行く様な気分で代金の件は忘れた様だった」(「佐藤」)。

安藤明、佐藤大佐と厚木飛行場へ

安藤の自動車はアメリカ車のビュイック41年型。安藤は佐藤とともに後部座席に収まり、運転手に自宅に向かわせ、ガソリンと食料を積んで雨の中、厚木街道は混乱していると予想し、長後町経由で厚木飛行場に急いだ。

長後方面から厚木基地に向かうと、第二相模野海軍航空隊の南にある雑木林に沿って走り、同航空隊の隊門を過ぎ、その北の第一相模野海軍航空隊の隊門から入り、同航空隊の庁舎を経て、飛行場を横断し、基地の東側の厚木航空隊の庁舎に至る。この道を佐藤はとった。

途中泥道で千人ほどの兵とすれ違う。いずれも相模野海軍航空隊の兵で岡崎海軍航空隊や豊橋海軍航空隊に移動するところだった。マッカーサーが厚木飛行場に来るのに備え、神奈川や千葉の部隊は各自で移動するようにと命じられていたのである。

相模野海軍航空隊の兵の手を借りて飛行場を片付けようとした佐藤大佐の目算が外れた。さらに進むと次のような光景が目に入った。

「第二相空に隣接している雑木林の中のあちこちで、焚火を囲んでいる約二〇〇名の武装兵を見た。チラホラだが、小銃や日本刀を持っている者がいた。指揮官の将校らしい者はいないようだし、食料品も武器弾薬箱等も見えなかった。水がないから炊事もしておらず、ただ薪だけは山程あった」(「佐藤」)

佐藤大佐は飛行場の後片付けの妨害に最適の場所に反抗する兵士たちがいることに驚いた。飛行場の整備が容易でないことを感じたの

安藤明(中山正男著『にっぽん秘録　安藤明の生涯』より)

である。

安藤の自動車は第一相模野海軍航空隊の隊門を入り、同航空隊の庁舎の前まで来た。佐藤大佐と安藤は庁舎で小長谷少佐と出会った。その時のことを小長谷は次のように書く。

「午後三時頃だったと思うが、士官室で小憩して居た時、先輩の佐藤六郎大佐が来られた。上背のある白皙《はくせき》の恰幅のよい中年の紳士を同伴して居る。白麻の開襟シャツにニッカポッカーズをはいて居る。『大安組社長　安藤明』という名刺を貰った」

佐藤が小長谷に山澄大佐の所在を聞くと、厚木航空隊の庁舎にいるという。佐藤は小長谷とともに安藤の自動車に乗り、飛行場を横切った。飛行場は惨憺たる有様である。前夜の台風で小型の戦闘機は横倒しになっているか吹き溜りとなっているかしていた。「ばらまかれた飛行機は約二〇〇機という。広い飛行場には人影は見えなかった」(「佐藤」)。

安藤はこの時の飛行場の様子を次のように書いている。

「電燈のない不気味な飛行場だ。不平満々と、酒をあおっている一団がいる」(「覚え書」)

佐藤は山澄大佐に挨拶をし、士官室にいた有末委員長に会う。有末中将の「飛行場の飛行機を早く片付けてほしい」という言葉を受け、外に出て山澄に小園司令はどこかと聞いた。「すでに捕縛され、横須賀の監獄に送られ、他の強硬反逆派も横須賀に送られた」という。

佐藤大佐は「腰が抜けるほど驚いた。厚木での仕事の六〇%は終わっていた」と振り返る。難しいと思っていた小園司令とその反乱者の説得の仕事はなくなったのである。佐藤はとりあえず夕食をとった。安藤は自動車で運転手とパンを食べた。

ほかの士官や兵隊はどうしたか。穏健派の准士官以上は准士官室に、下士官兵は第二相模野海軍航空隊付近の雑木林にいるという。雑木林の兵隊の様子はすでに見た。他の兵隊は復員していた。

佐藤大佐が准士官室に行くと、顔を知っている副長の菅原英雄中佐、整備長の吉野実少佐ら二〇人ほどがいた。彼らは「小園司令と反抗派の部下の運命が心配で、結果を見るまで復員しない」と言う。

そんな彼らに佐藤は言う。

「俺は飛行場の飛行機の片付けに来た。雑木林の連中を説得して協力させてくれないか」

答えは、「説得はできても彼らは復員します。仕事はやりません。日本の軍隊は上官の命令が通じなくなっています」というものだった。

片付けの人員がいない。佐藤一人ではどうにもならない。彼は近くの工廠や航空隊、役所などに電話をかけた。回答は「復員してしまった」、「小園部隊と進駐軍の戦いを恐れて、近隣の親類に疎開、民家にはほとんど人はいない」というものだった。

佐藤大佐は窮し、当直将校室で思案した。頭に浮かんだのは飛田勝造だった。

「彼は水戸の生まれで藤田東湖《とうこ》［水戸藩士で儒学者、尊攘論者］を崇拝し、飛田東山と号し、北海道から名古屋までの沖仲士とテキ屋の大親分であった。『彼の所へ行けば何とかなる』と考えついた。しかしながら、彼の仲間は博徒・ごろつき・やくざである。これを使うことには、常識人である山澄大佐や有末中将は恐らく賛成すまい」（『佐藤』）

佐藤は独断専行することにした。たった一カ所あてになるところがあるからこれから上京する、と山澄大佐に言うと、山澄は「どこの誰か」と聞く。飛田の話をしたら反対されるのは目に見えている。佐藤は「それを話している暇はありません。私はこの仕事に命をかけています。できなければ自決です。どうです。私にお任せください」と押し通し、小長谷少佐を連れて安藤の自動車に戻った。山澄には「明日の昼頃連絡をとる。午後五時までに帰る」と告げた。

佐藤大佐が依頼しようとした飛田勝造について、少し触れておこう。佐藤は「彼の仲間は博徒・ごろつき・やくざ」という。また、飛田は背中から尻まで入れ墨をしていて、高倉健の『昭和残侠伝・唐獅子牡丹』の主人公のモデルとも言われているが、飛田自身はやくざではない。彼は扶桑会という労働者の組織を作り、軍の仕事を請け負っていた。

飛田は昭和十六年四月に『國防國家の建設と勞士の錬成』という私家版の本を出している。その中で彼は、その日暮らしのどん底生活をしている「自由労働者」が全国に二百万人を下らないほどいて、彼らは酒や博打などで金を使い、「捨て鉢的な自堕落な人間」になっていく、と労働者の現実を説明し、その原因は彼ら自身にあるだけでなく、彼らに仕事を手配する業者が上前をはね、首吊りの足を引っ張るようなことをしていることにもあり、本来「彼らはお互いのお客様であらねばならぬ」と主張する。一方、「自由労働者」も意識を変えなければならない。国民としての自覚（報国の精神）を持ち、「日本的精神」を体得した士（さむらい）、「労士」とならなければならず、その教化の必要性も説く。

飛田は、国防国家、産業国家の建設のためにはこのような「労士」の組織が必要と、全国労務者供給業組合などを作り、さらに、海軍の仕事を請け負う扶桑会を立ち上げた。飛田によれば、これは海軍省兵備局の伴義一大佐の依頼によるものである。

「飛田君、君が造ったような労報的団体を至急に造ってくれんか。今の労報ではいざ鎌倉と言う時役に立たんよ、たのむぞ、と注文をして来た。先ず全日本の造船所の社外工の統一を計ることとして、大日本造船協力団を造った。それから海軍社団法人扶桑会が生まれた」（飛田勝造著「故伴義一氏の思い出」『伴義一追想録』所収、伴義一追想録刊行会）

のちに陸軍も扶桑会を使うことになるのだが、このようなわけで、佐藤大佐は海軍の仕事を飛田に依頼する立場にあり、旧知の仲だったのである。

安藤、五百万円で受注

佐藤大佐は小長谷少佐を連れ、ビュイックで待つ安藤のところへ戻り、佐藤と安藤は後部座席に、小長谷は助手席に乗り、東京へ向かった。

佐藤は飛田勝造に頼もうと考え、ビュイックに乗ったのだが、芝公園にある事務所に今行って飛田がいればいいが、いなかったら時間の無駄になる。電話番号も知らない。それに確か今は長野県方面の地下工場建設に従事しているはずだ。今日明日の対応は難しい。「子分の数は集っても、テキ屋でトラックやトラクターが揃えられるか」（佐藤）。

飛田の子分で、大宮の中島飛行機の地下工場を松山に掘った者がいるが、事務所は大宮だし、子分の七〇％以上が朝鮮人で、トラックやトラクターは持っていない。

どうも飛田やその関係者に頼むのは無理のようだ。車内で思案する佐藤大佐は「然らば隣席にいる安藤親分はどうか」（佐藤は、安藤も飛田も親分と書いている）と考えた。重量物運搬業の安藤なら飛行機の撤去などお手のものだ。彼に頼めば、自分は反乱軍対策に専念できる。今夜中にやるかやらないかを決められる人間は隣の安藤しかいない。安藤に頼んでみよう——佐藤はこう考えた。

ちなみに、ともに軍の仕事を請け負っていた安藤と飛田は互いを知っていたと考えられる。安藤はのちに獄中の人となるが、「獄中日記」（小島末喜監修『㊙わが命天皇に捧ぐ——救国の快男児安藤明の生涯』東光出版所収）に「友人飛田君より物すごく大形な字と手紙が来た、文句も又大変勇ましい文と字だ、返事出す」という文がある。これは飛田勝造のことだろう。

佐藤はビュイックが横浜駅の裏口に来た時、「安藤さん、頼みがある。厚木飛行場の飛行機を片付ける仕事を請け負ってくれないか」と話しかけた。

「あの仕事は危険のようだが」と飛行場の様子を目にしていた安藤。

「それはやり方がある。片付ける作業は安全なところで親分がやるんだ。俺は危ない小園の反乱軍の警戒を受けもつ」

「反乱軍は武器を持っているから、我々作業員にも少し武器を持たすべきだ」

「わが海軍部隊から鎮撫隊とか飛行場片付け隊を派遣しても、これらの軍隊には武器を持たせていないのだ。もはや戦争は終わったのだから、反乱軍とは戦わせないという大方針で、海軍省首脳は苦しんでいる。相手を殺さず、味方も死なないようにする。今更軍人は死んでも犬死になるからだ」

「それでは俺の子分が死んだらどうなるんだ。犬死ではないというのか」

「それなら死人への香典はいくら、負傷者の治療費はいくらと、見積りを出して契約すればよい」

「危険な仕事だ。親分がやると言っても子分が駄目と言えば駄目なんだ。今から俺の家に行って子分を集めて相談して、返事をすることにしたい」

佐藤大佐は明朝五時までに決めてくれといい、

「念を押すが、やるというなら最少の準備は作業員二百名だ。これは反乱軍が二百名だからではない。くれぐれも喧嘩をやるからではなくて、飛行機が二百機あるから一晩かかって一人一機を片付ける勘定だ。そしてトラック十五台以上、トラクター十台前後を準備しなければ仕事ができるとはみない。契約しないよ」と続ける。

安藤は子分と相談すると答える。三人を乗せたビュイックは夜中の十二時頃大田区南千束町にある安藤の家に着いた。

この辺の経緯について、佐藤大佐と小長谷少佐の記憶に少し違いがある。小長谷によれば、佐藤は厚木飛行場に着いた時すでに安藤に仕事を依頼することを決めていて、「貴様等が厚木で苦労しているので、航空本部長から応援に行けと言われてやって来た。安藤さんは中島飛行機工場の疎開を請け負ってもらっていた重量物運搬のベテランだ。協力してもらおうじゃないか」と提案し、小長谷はそれに飛びついたとしている。そして三人で安藤宅に向かう。

佐藤と小長谷は安藤宅でウイスキーを飲みながら返事を待った。

安藤は電話で大安組の事務関係、労務関係の者を呼び出した。佐藤大佐は代表格の三人の質問に答える。

「国辱的な仕事ではないか」

「今ここで国辱とかなんとか話している暇はない。それより、やるかどうか聞きたいが、俺はこの仕事に体を張っている。だからもし仕事の最中に、この仕事が国辱的だと思ったら俺を殺してよろしい。床の間に俺の刀もあるし、ピストルもあるから渡すぞ」

三人は相談し、安藤に「やりましょう」と答えた。

小長谷少佐は、安藤がこの時次のように言ったと書いている。

「ここに居られる海軍の偉い方から厚木飛行場の急速整備を頼まれた。連合軍の先遣隊が二十六日に到着するので二十五日中に終わらせねばならぬ。飛行場には五～六十機の飛行機が散乱し、手榴弾などがころがって居る。飛行場の周辺には終戦に反対する兵隊が居て何をするか判らない。

命がけの仕事だ。お前達に一人壱万円ずつやる。わかったか。わかったら明朝までに厚木基地集合だ。早速手配せい」(「小長谷」)

小長谷は一万円という金額に驚いた。海軍少佐の自分の月給が一六〇円。その約六三倍だ。命がけの作業とはいえ高額だ(単純に比較はできないが、海上自衛隊の三等海佐の月給が三〇万円〜四〇万円後半。かりに小長谷の月給が四〇万円だとすると、二五〇〇万円になる)。

安藤が全体でいくらで請け負うかを佐藤と話していると小長谷は書き、「金ならいくらでも出しますよ」と小長谷は言ってしまったという。

安藤は佐藤に五百万円で請け負うと言った。

作業員二百人、そのうち死者一〇人、ケガ人五〇人、これらの手当てと手間賃と車輌代等である。佐藤は天文学的数字だと驚くが、「待てよ」と考える。第一次世界大戦でドイツが負けた時、マルク紙幣が紙くずになったと中学生の時に聞いた。マッカーサーが来れば、日本の円紙幣も百分の一くらいになるだろう。それで日本が救えるのなら安いもんだと。

安藤は、現金で二十五日午後五時に厚木飛行場でもらいたいという。佐藤は承諾した。佐藤は安藤宅に泊まり、二十五日朝に海軍省に行き、金を用意することにし、ウイスキーを飲んで寝た。小長谷も泊まったのだろう。

この金額について、有末精三は「安藤組に金壱千万円也で請負わせ」(『終戦秘史 有末機関長の手記』)と書いていて、また、文芸評論家江藤淳との対談(江藤淳編『占領史録第1巻 降伏文書調印経緯』

講談社）では、「川島という海軍の主計」が「安藤組にとにかく千万円で請け負わせるから海軍から五百万円、陸軍から五百万円出してくれという」としているが、陸軍から五百万円出たという話はない。安藤は五百万円で請け負ったというのが真実だろう。小長谷少佐によれば、この金額は、「当時一隻二百五十万円で建造できた駆逐艦の、二隻分に相当する」（小長谷睦治著「厚木基地の跡始末と山澄機関」『緑十字機　決死の飛行』所収）という。

大安組、厚木飛行場へ

八月二十五日午前六時に朝食をとり、七時に佐藤大佐と小長谷少佐は安藤とともに海軍省に向かった。金の工面である。

八時十五分頃海軍省に着いた佐藤は、まず吉田英三大佐に会い、安藤との契約内容を説明し、「安藤にも大金だから、彼は絶対にやる準備をする。（中略）金五百万円を海軍省から受け取らなければならないが、関係部課を知らないし、貴様が関係者を軍務局の会議室に集めてくれ。そこで俺から経緯を説明する」と話した。吉田大佐は承知した。

佐藤の記録には書かれていないが、この間、安藤は佐藤を待たず厚木飛行場に向かったようだ。吉田に依頼した面々はなかなか集まらず午後二時に延ばした。それがぎりぎりだ。会議が終わって厚木飛行場に向かってなんとか山澄大佐と約束した五時に間に合うくらいである。

一方、小長谷少佐は横須賀鎮守府に行った。
「金五百万円の話を報告して何とかならないかと幽《かす》かな望を持って行った」（「佐藤」）のである。
また、佐藤は、小長谷は長官への報告と大安組がだめなときにどうするかを画策しているとも書いている。

このへんから佐藤、小長谷、安藤の記憶にずれが出てくる。小長谷は「八月二十五日朝、約束通り大安組が到着した。貨物自動車・トラクター等約二十両、人員は運転手を含めて約五〇名であった」と書く。小長谷は大安組が到着した時、厚木飛行場で待っていたような書き方である。横須賀に行かず、佐藤に無断で厚木に行ったのだろうか。また、安藤は「朝の六時ごろ、皆が厚木につくことが出來た」と書いている

小長谷や安藤の記憶によれば、二十五日に日付が変わってから大安組の面々が人と車輛の動員を始めて、四、五時間で厚木飛行場に集結できたことになる。安藤は埼玉や群馬からも人を呼んだという。深夜の二時か三時に電話で厚木に集合するように指示され、朝六時頃に来ていることになるわけで、物理的には可能だろうが、果たしてどうか。最終的に二百人ほどが集まったのだが、この段階（二十五日朝）では厚木飛行場に近いところにいた配下の者が集まっただけではないだろうか。そう考えれば、小長谷の「約五〇名」というのも納得できる。

ただ、会議が始まる前に佐藤は厚木飛行場にいる山澄大佐に連絡を取り、「重量物運搬屋の大安組と契約し、その請負金を貰う交渉をやる処だが、関係者が集まらなくて困っているが今夜だ

けがチャンス故必ず厚木に帰ります。それから大安組（安藤明社長）が人夫自動車等を率いて行くから、飛行場の指揮所附近に集めておいて下さい。作業は、約束の金を渡してからとなりますから、手を出さない事、又小園一派と接触もさせないでください」（「佐藤」）と言ったと書いている。朝に大安組が厚木に着いていたのなら、山澄もこの電話でもう着いている等話したはずだろう。それとも、言いそびれたのか。

ともかく、ようやく会議が始まった。佐藤はこれまでの経緯を説明。飛行場を片付ける兵力はなく、次の契約で大安組の安藤社長に依頼したと話した。

- 作業員二百人
- トラック一五台以上、トラクター約一〇台持参
- 請負金一晩で五百万円
- 作業期間八月二十五日午後六時から二十六日午前九時

安藤社長はどんな人物かという質問が出る。

「東京都自家用車組合の組合長で、東京都消防団の理事である。もちろん博徒またはやくざの親分だが、自分では博打はやらない。中島飛行機の各社に出入りし、重量物運搬をやっている。やや右翼的人物だが、私は信用している」と佐藤は答える。

さらに五百万円の内訳の説明を求められる。佐藤は、人件費と道具代で五〇万円、死者一〇人として香典計百万円、負傷者五〇人で治療費計百万円、利益と諸経費二五〇万円、以上合計五百

万円と安藤社長は計算しているものと思われると説明し、次のように言う。

「この仕事は今夜に迫ったことだから、私と安藤親分でなければできない。なぜならば、私は小園部隊の将兵を知っており、彼等もまた私をよく知っている。故に最後は私一人で雑木林に行き説得すれば承知する筈。但し危険である。また大安組はすでに準備にとりかかっている。（中略）実際問題として、夜間の雨の泥沼の飛行場で、小園反乱部隊の銃剣の前で、無防備で飛行機片付けを誰がやりますか。（中略）皆さんにお願いします。この仕事を佐藤と安藤親分にやらせることに賛成して戴きたい。海軍大臣にぜひ現金か小切手を貰えるよう協力して戴きたい」（『佐藤』）

五百万円という額に驚いているのだろう。誰も何も言わない。

その時、米内光政海軍大臣から吉田大佐に電話が入った。大臣が佐藤大佐を呼んでいるという。大臣室に行くと、米内は「五百万円のことは主計大佐に話してあるから受け取っていけ」と指示する。米内が了承したということだ。主計大佐のところに行くと、主計大佐は見積書を書いてくれと言う。安藤からきちんとした見積書をもらってはいない。どんぶり勘定なのだ。主計大佐はすぐに金を出す様子はない。時間がないので佐藤はあきらめて、仕事が済んだらもらいに来るといって吉田のところに行く。吉田は「大臣が出すと確かにいったか」と念をおし、「手ぶらで行け、安藤親分は承知するぜ」と言い、『あとは俺が引きうけるぞ』といわんばかりだった」（『佐藤』）。

佐藤は霞が関の海軍省を出て、新橋から汽車に乗り横浜を経て、神中線《じんちゅう》（現在の相鉄線）の相模大塚駅で下車し、厚木飛行場まで走った（これは昭和五十五年に佐藤が書いた文章によるが、昭和三十七年の安藤の葬儀の際の佐藤の弔詞文では自動車を使ったとなっている)。

この間、有末委員長の厚木終戦連絡委員会の面々は何もしていなかったわけではない。有末はこの日の午前中、第五三軍司令官赤柴八重蔵中将、木下栄市憲兵中将、神奈川県警察部長らとともに飛行場周辺の家々を訪問し、隠匿武器の有無を調べ、周辺住民の動静をさぐるなどして進駐軍到着の際の不慮の事故防止に努めた。また、基地内では水圧が低いため、水洗便所の人糞が流れず、異臭とハエで悲惨な状況だったが、この掃除に鎌田中将自ら先頭に立って取り組んでいた。

雨中の撤去作業

佐藤大佐は午後五時過ぎに厚木飛行場に到着。玄関で山澄大佐と会い、大安組のことを聞くと、飛行場の指揮所付近に待機しているという。人員は約二百人、トラック、トラクター約三〇台とのことだ。安藤は約束を守った。

ところで、佐藤は大安組の作業時間を二十五日午後六時から二十六日午前九時としている。また、「一晩で五百万円」とも書いている。

一方、安藤は「朝六時ごろ、皆が厚木につくことが出來た」としている。小長谷と同じである。もし佐藤の言う通りだとしたら、朝に着いた大安組の面々は一日待機していたことになる。

安藤の記述では佐藤が来て、金ができなかったので「作業を中止してくれ」と言ったという。

作業中に佐藤が戻ってきたことになっているのだ。とすると、その日の朝に厚木飛行場に到着した大安組の面々は佐藤が来るのを待たずに作業を始めたことになる。小長谷は大安組の仕事を「一昼夜の仕事」と書く。後述するように仕事は二十六日の朝に終わるのだが、一昼夜ということは二十五日の昼間とその夜ということで、この点は安藤の記憶と一致している。

佐藤が戻るまで、到着していた人員だけでできるところから作業を進めていたのだろう。そして、佐藤が来て、改めて二百人ほどの人員で作業を再開したと考えられる。

ともあれ、厚木飛行場に着いた佐藤は安藤を見つけ、海軍省での経緯を話し、現金を用意できなかったことを詫びる。そして、「俺はこの話は半分成功だと思う。結局は仕事を終えたら契約は成立だ。俺はそれこそ命をかけても支払わねばならない。仕事をやらなければ、契約はなかったことになる」と説明すると、安藤は配下の者と相談する。安藤はやる気である。配下の者は「無料でやれ、おやじさん、お前が損をすりゃいいじゃないか」と言う。

安藤は見せたいものがあると、安藤の自動車のところに佐藤を連れていく。

荷物席を開け、中にある赤皮の大トランクの蓋を開けると十円札の束がぎっしり入っていた。佐藤が「いくらあるのか」と聞くと、安藤は「二百万円で、大安組の全財産だ」と答える。

用途は死んだ者への香典、負傷者への治療費とのこと。さらに安藤はこの金で反乱軍を買収できないかと聞くが、佐藤は「彼らは金がほしくて騒いでいるわけではない」と否定し、作業員に作業手順を指示する。

・飛行機は飛行場の東側格納庫裏と谷に捨てる。作業は北側から始める。
・佐藤は作業員十人とトラックに乗り、飛行場の南側に行き（反乱軍がいる雑木林側）、反乱軍の目につくところでヘッドライトをつけ、懐中電灯もつけて逃げる。反乱軍はこの囮のトラックに向けて発砲すると予測。
・さらにもう一台囮トラックを出す。これで反乱軍の弾丸がなくなる。
・日本刀や銃剣で突撃して来たら逃げる。
・発砲が終わり反乱軍が出てこなかったら、佐藤と作業員がトラック二台で飛行場をまわり、反乱軍の様子を見る。

こうして佐藤と大安組の本格的な作業が夜の雨の中始まった。囮のトラックを放置して三十分ほどして反乱軍が気づき、発砲。約三百発撃ったと佐藤は書く。約一時間後、二台目の囮のトラックを置いて逃げたが、もう発砲はなかった。さらに佐藤がトラックで飛行場をまわったが、反乱軍は出てこなかった（佐藤が意図していたかどうかはわからないが、反乱軍は弾を撃ち尽くしたことによって、進駐軍の先遣隊への発砲がかなわなくなり、このあと復員していったとも考えられる）。これで作業を加速させる。

この飛行機撤去作業の様子を安藤は次のように書いている。

「折りあしく、豪雨となつた。もつとも雨は連日降つていた。その上での猛雨だ。飛行場は草の波と、泥沼にように見える。脚を毀した飛行機が、いくつとなく機體を横たえている。（中略）無燈のまゝ、一齊に作業にかゝる。（中略）銃聲がする。トラクターの轟音で、皆は氣がつかぬらしい。（中略）暗の中のこととて怪我人が出る。暗の中を飛行機が動く形がもの凄い。あちらでもこちらでも、蟻が餌を引くように飛行場の外に引かれてゆく」（「覚え書」）

二十六日朝、作業は終わった。

佐藤は山澄大佐を電話で呼び出し、作業員は厚木航空隊の格納庫で休んでいること、天山（四発機）が二機、第二相模野海軍航空隊の格納庫前に残っているが、泥田の飛行場で動かないし、厚木飛行場の飛行に差し支えないから、そのままにしたこと、第一、第二相模野海軍航空隊の格納庫に二、三十機あるが、これにも手をつけなかったことを報告し、ケガ人がいるので、「ヨーチン」と包帯を用意するように頼んだ。さらに、「今から安藤親分と二人で相模野空と第二相模野空の敷地内の道路を自動車で通って見ますが、建物内と防空壕内には入りません。必ず何人かおって銃の撃ち合いになるからです」と話し、二人は自動車に乗り、運転手に走らせた。

佐藤と安藤は自動車の窓を開け、銃を構え、建物と防空壕の前では警笛を鳴らして様子を見た。誰も出てこない。第二相模野海軍航空隊南の雑木林も調べたが、もう人はいなかった。

ふと隣の安藤を見たら、銃を片手に眠っていた。

「火事場装束で頭巾、厚司（アッシ）［木綿織物でつくられた厚手の労働着］を着ていた。（中略）飛行場に差しかかったのでユリ起こした。彼は何を考えたか、自動車を止めて降りると云う。（中略）グラマンが二機飛んで来た。私は見上げていたら、安藤親分は空に向けてピストルを」残弾がなくなるまで撃った（「佐藤」）。

この安藤が銃を撃ったことについて、佐藤、安藤、小長谷が書いているが、内容が違う。安藤は、「『ブーン』と敵機が來て、超低空する。乗組員が乗り出して寫眞《しゃしん》を撮るのが見える。私はハンケチを振って合圖《あいず》した。（中略）何か割り切れぬ氣持で預つた拳銃を『パン〳〵』と草の中に撃込んだら、やつと、氣持が晴々した」と書いているが、小長谷は「早朝からグラマンが飛行場を偵察していた。（中略）安藤氏は突然『参謀拳銃を貸してくれ』と言った。私は腰に掌に入るような外国製小型拳銃をさして居た。彼はグラマンに向けて二発発射した。そして私の顔をみてニコッと笑った」と書く。真実はわからないが、安藤が銃を撃ったことだけは確かなようだ。

佐藤は安藤と別れる時、安藤に手帳に書いた吉田課長宛の手書きの文を渡した。

宛、吉田軍務局第二課長［第三課長］殿

本文、

厚木基地の飛行機片づけを大安組が完了したから、金五百万円支払うよう御配慮下さい。

昭和二十年八月二十六日

厚木終戦連絡委員

佐藤六郎

安藤はこれを受け取り、佐藤に「おぬし絶対死ぬんじゃないぞ」と言って去っていった。

帝国海軍最後の感謝状

ところで、佐藤の文章にも安藤の文章にも、小長谷が書いている海軍の整備隊や台湾人少年工のことは出てこない。小長谷は大安組と整備隊、少年工の徹夜の作業で完了したとしているが、夜のしかも雨の中での飛行機の除去作業は素人では危険がともなう。重量物運搬のプロの大安組がもっぱら手がけたのではないだろうか。

有末精三は、二百人ほどの工廠廠員を応援に動員したが、飛行場に散乱している飛行機や部品の始末には手に負えなかったので、大安組に頼み、一方工廠廠員らには「飛行場に散らばっている空罐(罐詰を食い荒らしたそのから)の整理」をやらせたという。その方法は、「数歩間隔の一列に散開させて小学生の運動会よろしく飛行場を横断しながら空罐を拾い集め、飛行場の反対側に待っている委員から乾麵麭《かんめんぽう》(乾パン)を褒美として引換えて渡す」というものだった。

有末は「占領軍を厚木に迎えて―ジャングルから来た男たち―」(『文藝春秋』昭和三十一年八月号)で、この作業を二十五日に行い、「日暮れまでにはどうにかこうにか着陸できるように整備された」と書いている。しかし、二十五日は、飛行場はまだ飛行機の残骸でいっぱいだったはずだ。佐藤指揮のもと、撤去作業が行われたのは二十五日夕方からである。

また、佐藤大佐は疲れのため、二十六日に眠りにつき、翌日夕方目が覚めるのだが、その際、寝ている間に何かあったかと、山澄大佐に聞いている。山澄の答えは「工員を飛行場に連れて来て、一列横隊に並んで歩かせ、ゴミと金物を拾わせた」としている。これは佐藤が寝ている間のことであり、工員たちに空き缶などのごみ処理を行わせたのは、大安組が飛行機を撤去してからのことと考えられる。

ところで、大安組の作業代五百万円は確かに支払われたのだろうか。小長谷少佐は「この五百万円は結局支払われたと聞かされた」と書いている。ただ、安藤自身は回想録（「安藤明　回想録」、古川圭吾編『昭和の快男児　日本を救った男　安藤明』講談社出版サービスセンター所収、以下「回想録」）で二百五十万円としている。これについて、安藤の息子の眞吾は、安藤が昭和二十三年に書いた自叙伝をもとに書いた『昭和天皇を守った男　安藤明伝』（ルネッサンスブックス）で次のように書いている。

「米内大臣の秘書官の庵原大佐と面会した。すると『安藤さん、少し負けてもらえませんか』というのではないか。

『ええー、いいでしょう。海軍も大変でしょうから半分に負けときます』と（中略）大見栄を切ってしまった。

その後、感謝状とともに二百五十万円をいただいたのである」

庵原大佐とは、終戦時海軍省軍務局御用掛、鈴木貫太郎首相秘書官を務めた庵原貢《いはらみつぐ》大佐のことだろう。

安藤は値切られた二百五十万円で「労務員その他に応分の金を支払い、その残金は正当なる取得として会社の金庫に入ったことはもちろんである」（『回想録』）と書いている。この残金が後述する大安クラブ運営資金の元となるのである。

八月二十六日、海軍省は大安組に感謝状を贈った。

感謝状
終戰時聯合軍ノ進駐ニ際シ
厚木飛行場急速整備ニ付
多大ノ障碍ヲ克服シ短時日ニ
之ヲ完成シタル異常ノ努力ニ
對シ茲ニ感謝ノ意ヲ表ス
昭和二十年八月二十六日
海軍省軍務局長海軍中将保科善四郎
株式會社大安組殿

帝国海軍最後の感謝状である。

眞吾によれば、安藤はこの感謝状だけは亡くなるまで手元に置いていたとのことである（『昭和の快男児　日本を救った男　安藤明』）。

ちなみに、文部大臣、学習院院長を務めた安倍能成は安藤明の功績について次のように記して

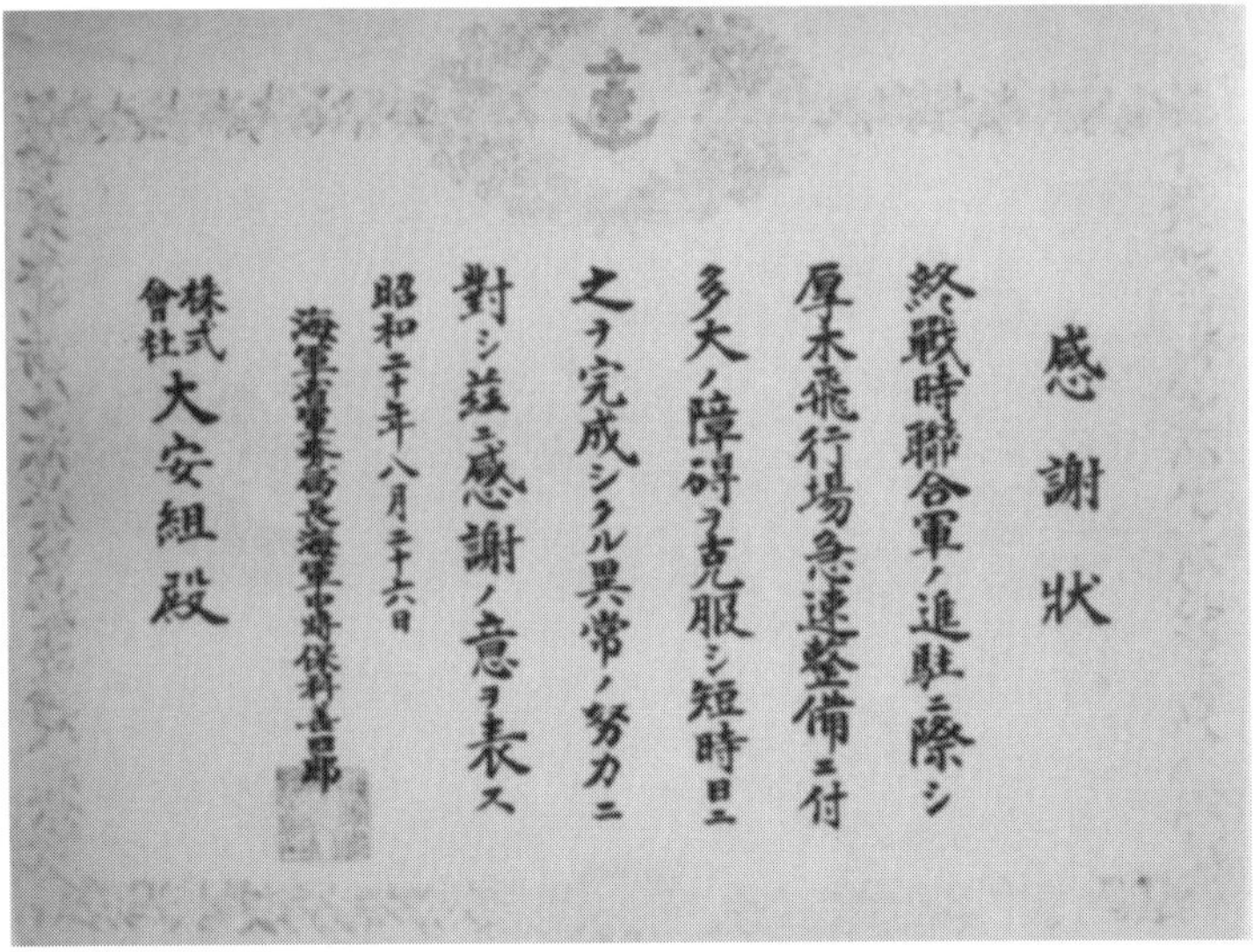
感謝状
終戦時聯合軍ノ進駐ニ際シ厚木飛行場急速整備ニ付多大ノ障碍ヲ克服シ短時日ニ之ヲ完成シタル異常ノ努力ニ對シ茲ニ感謝ノ意ヲ表ス
昭和二十年八月二十六日
海軍省軍務局長海軍中将保科善四郎
株式會社大安組殿

海軍からの感謝状（安藤眞吾著『昭和天皇を守った男　安藤明伝』より）

いる。

「マッカーサー元帥が、昭和二十年八月二十六日正午に厚木にやってくる。厚木の忠勇な将士がもしそれに反抗することがあれば戦争は続けられ、日本はそれこそ滅亡しなければならない。佐藤六郎大佐と肝胆相照らして、安藤さんが厚木の航空隊を整理したことが、日本を救ったということは真実である。安藤さんは実に日本を救うという歴史的大事件を担った歴史的人物であった」（小島末喜監修『㊙わが命天皇に捧ぐ』所収）

マッカーサー、厚木に降り立つ

佐藤大佐は、厚木終戦連絡委員会の一員として進駐軍の厚木飛行場到着を待った。二日遅れたのは前述の通りである。

八月二十八日、晴れていた。飛行場の指揮所前に天幕が用意され、そのあたりに各委員のほか、通訳や報道関係者が集まっていた。

「午前八時二十分聯合軍先遣隊一番機到着、爾後十一時半頃迄ニ先遣隊全員百四十六名（内三十名ハ士官）到着セリ」（外務事務官宇山厚の「聯合軍先遣隊厚木到着ノ状況報告」『占領史録第1巻　降伏文書調印経緯』講談社所収）

一番機が着陸姿勢を取る。追い風着陸である。二番機、三番機もそれに続く。佐藤は「危ない着陸だ。脚でも折ったらどうするか」と思った。米軍は南から入り、着陸後、左に曲がり、第一相模野海軍航空隊格納庫前に止まった。他の機も次々に着陸する。佐藤がすでに着陸した機を見ると、自動小銃を構えた米兵がいる。佐藤はハッとした。追い風着陸したのは日本軍の騙し討ちを警戒してのことだ。

「一発でも銃声を聞いたら、直ちに飛行場に直進して、南風に向って離陸し、逃亡する予定だったのである」（「佐藤」）

逃げられたら交渉の糸口はなくなると思った佐藤は、有末に「私がすぐ行って指揮官を押さえます。日本政府代表があの天幕に来ているから、話し合いに来てください、といいます」と言い、自動車と通訳を呼んだ。その時、「私が通訳をやる」と天幕から出てきたのは委員の一人、地質学者の田中舘秀三だった。田中舘は佐藤に軍刀と拳銃を置いていくように言う。佐藤はそれに従い、「マッカーサー元帥が来ていたら赤旗を、来ていなかったら白旗を振ります」と有末に言って、自動車で田中舘とともに米軍機に向かった。米軍機に着いた佐藤が「指揮官を呼んでくれ」と言うと、大佐二人と少佐一人が出てきた。指揮官はチャールズ・テンチ大佐、少佐は日本語が堪能なフォービアン・バワーズだった。佐藤は「マッカーサー司令官は来ていませんか」と聞く。バワーズの答えは「来ていない」だった。そこで佐藤は有末に向かって白旗を振った。有末は、副委員長の鎌田中将、海軍の山澄大佐など委員を紹介しようと思い、連れだって迎えに行った。

この時の様子を、その時首相だった東久邇宮は朝日新聞の鈴川勇記者から聞いた話として、「テンチ大佐は米陸軍輸送機C-47によって、予定の時間よりよほど早く到着したので、有末中将を長とする接待委員はあわて気味であつたが、自動車で出迎え、同大佐をテント張りの接待所に案内した」(『一皇族の戦争日記』)と書いている。

小園率いる厚木航空隊の反乱を解決し、飛行場を整備するという難題を乗り越えた有末や佐藤たちは、こうして、警戒する先遣隊を無事に迎え、その指示に従ってマッカーサーの受け入れの準備をする。

佐藤大佐はこの間もよく働いた。米軍輸送機から荷物を下ろすことからはじまり、第一、第二相模野海軍航空隊の引き渡し、米軍が要求するガソリンの調達、そして、ひび割れが見られる滑走路の修理の手配などである。滑走路の修理について、前出の宇山の報告には「先方ハ鮮明ナル航空寫眞ニ依ル厚木飛行場ノ地圖《ちず》ヲ有シ、三ケ所ニ於テ二十九日午後六時迄ニ滑走路ノ補强工事ヲ要求ス。（厚木海軍部隊直ニ着手セリ）」と記録されている。

佐藤は、厚木飛行場に来てからの連日の奮闘で高熱を発し、倒れてしまう。八月三十日、受け入れ準備が整った厚木飛行場に、連合国軍最高司令官ダグラス・マッカーサー元帥が降り立った。そして、「メルボルンから東京までは長い道のりだった……」という声明を出し、マッカーサー指揮下の進駐軍の日本占領が始まるのである。

その場には、熱が下がった佐藤六郎大佐や淵田美津雄大佐もいた。

淵田はこの瞬間、次のように思った。

「『東京への道は遠かった』

などとほざきながら、横浜のニューグランド・ホテル［ホテルニューグランド］に向けて走り去った。

私は、マッカーサー出迎えの日本側代表に交って、厚木基地に彼を迎えて敬礼をしていたが、その小憎らしいヂェスチャーをまのあたりに見て、横づらに往復ビンタをくらわしてやりたい衝動を抑えていた」（『淵田』）

また、佐藤は、「『マ』司令官の厚木着予告と着後の声明を思い出すとき、今でも非常な屈辱を感ずる」と書いている。

両者とも、軍人として受け入れがたい敗北を知らしめられた現場に、しかも敵将の前に身を置かなければならなかったことに憤りを感じていた。

［文責＝坂本俊夫］

第四章　安藤明、財を成す

自転車一台の運送業から

海軍がその処理に苦慮した厚木飛行場の整備を佐藤六郎海軍大佐とともに成し遂げた安藤明。彼はこの後、GHQに食い込み、「酒、女、もの」を武器に天皇制護持に奔走するのだが、まずは大安組をつくるまでの安藤の軌跡を長男、安藤眞吾の『昭和天皇を守った男　安藤明伝』を参考に簡単に辿ってみよう。

安藤明は明治三十四（一九〇一）年二月十五日、父貴明、母きぬの長男として東京・下谷に生まれた。祖父は伊予松山藩の武家である。

貴明は東京市役所に職を得ていたが、解雇され、明は小学校を出ると、その東京市役所の給仕となった。その後、歯科医の書生、小石川の砲兵工廠（陸軍の工廠）の少年工などで糊口を凌いでいた。

十七歳の時、運送業の叔父を頼り、北海道の岩内《いわない》に移り、叔父の仕事を手伝う。二十一歳の時、東京に戻り、運送業を始めようとするが、運送業は一駅一店主義という法令があり、新規参入は難しく、販売外交員やタイヤの修理などをし、結婚。タイヤ業が行き詰まり、逃げるようにして安藤家の故郷愛媛県松山市に行くが、そこで妻と死別する。

東京に戻った安藤は姉の家に身を寄せ、ミシンの外交をしている時、再婚する。自転車一台で運送業を始め、昭和十四（一九三九）年、中古トラックを月賦で購入して大森に大安運送店の看板を掲げる。「大森」と「安藤」から付けた社名だ。仕事が増えるにつれ、トラックと従業員も増えていく。そんな中、財閥系の大手運送会社に対抗するため、安藤は、大森、蒲田、荏原の中小の同業者六〇社ほどをまとめ、城南運送を設立して社長に就任。大安運送店の事業も伸び、昭和十八年に社名を大安組とする。太平洋戦争下の軍の需要が社業を後押しし、土木建築業も手掛けるようになる。

「彼〔安藤〕は軍部と警察にうまく渡りをつけ、戦争が近づくにつれて着々と事業を拡張していった。（中略）真珠湾攻撃後の彼は大手の請負業者にのしあがって、地下工場や地下格納庫の建設にあたり、支配下のトラック部隊を動員して軍需物資を輸送し、また軍需工場を比較的危険の少ない場所へ移したりした。さらにまた、軍需省と大東亜省の顧問にもなった」とマーク・ゲインは『新ニッポン日記』（久我豊雄訳、日本放送出版協会）に記す（ゲインは昭和二十年十一月に「シカゴ・サン」の記者として来日し、滞日経験をまとめた『ニッポン日記』を刊行。『新ニッポン日記』は昭和五十五年に再来日した際の見聞をもとに書いたもの）。

この頃、南千束に家を買い、眞吾によれば、敷地千二百坪、居宅は一五〇坪あったという。後に総理大臣（六一～六三代）になった佐藤栄作と知り合ったのもこの頃である。佐藤は、安藤と知り合ったのは自身が運輸通信省自動車局長の頃と書いている（小島末喜監修『㊙わが命天皇に捧ぐ』所収）。佐藤が自動車局長だったのは昭和十八（一九四三）年十一月から翌三月までであり、社名が大安組となってからのことである。「まことに豪快な人物で、大いに意気投合もしたし、時には喧嘩もした」（同）。

多分、その喧嘩の後のことだろう。安藤は舞伝男《まいでんお》陸軍中将（昭和十五年予備役）を介して佐藤賢了《けんりょう》に会いに行く。昭和十八年頃、佐藤賢了は陸軍省軍務局長（少将）だった。佐藤はその時の様子を次のように記している。

「舞陸軍中将が一人の見知らぬ男を伴い私の住まい、麹町の軍務局長官舎に来訪した。舞中将は私の先輩であったが、この頃は現役を去って全国自動車運送業組合連合会会長、東京都の同組合理事長と云う長い肩書の持ち主であった」（小島末喜監修『㊙わが命天皇に捧ぐ』所収）

「見知らぬ男」が安藤だった。安藤は佐藤賢了を前に「役人どもの自動車運送業に対するやり方は、でたらめだ」と話し出し、佐藤栄作をこきおろす。

「当時戦時経済の必要から、政府は企業を合同させ、五、六百の自動車運送会社を四十社にまとめ、営業にも強い統制を加えるのだから、業界に不満が起こるのは当然だが、それを軍務局長の所へ持ち込まれても仕方がない」と佐藤賢了は迷惑がるが、安藤は、

昭和18年頃の大安組本社（安藤眞吾著『昭和天皇を守った男　安藤明伝』より）

「運輸省の小僧っ子に任しておかないで、陸軍でしっかりやったら何うだ」と言い、結局何の頼みごともしなかった。佐藤に会いに来る者は何らかの頼みごとをするのが常だったので印象に残った。佐藤の目に映った安藤は、「話し振りには、凄みはあるが私欲が見えず、明快で、義侠心が満ちており、そして気合がこもり、人をひきつける一種の魅力があった」というものだった。

そんな安藤の大安組は、戦火の中、軍の仕事で業績を伸ばし続け、本社を大森から西銀座通りに面した四階建てのビルに移す（安藤眞吾は三階建てとしているが、後述のようにマーク・ゲインは四階建てとしているのでそれに従う）。

大安組の成長

大安組の進撃は敗戦後も続く。厚木飛行場整備の報酬のほかに戦後大安組を豊かにした事業がある。安藤明は次のように回想する。

「当時私は進駐軍に協力するために逓信省（当時は逓信院）関係の復旧工事を各所において命ぜられ、それに鋭意邁進しておった」（「回想録」）

安藤の参謀格だった増田《ますだ》一悦《いちえつ》も「安藤の事業の中心は、全国の電信電話の復興だった。（中略）電話の架線工事は、突貫工事だし、大安組しかできなかった」と語っている（大森実著『禁じられた政治』講談社）。

ここで増田一悦について説明しておく。

前出のマーク・ゲインは、『ニッポン日記』（『Japan diary』一九八一年版）で増田を「Ichietsu Machida」（筑摩書房の井本威夫訳では「町田一悦」。以下訳文は井本訳）としていて、これはゲインの聞き違いだが、ゲインはこの増田を安藤の「chief aide」と紹介している。「第一の側近」といった意味だろう（日本語訳では「第一の子分」）。また、別の個所では安藤に総務部長として紹介された人物を「Matsuda」と表記していて（井本訳で「松田」）、これも増田一悦のことだろう。そして、二人は「親しい間柄のような口のきき振りだった」という。

増田と会ったことのある岩崎昶《あきら》（映画評論家、日本映画社製作局長。第八章も参照）は増田について（岩崎は「益田」と表記している）、「安藤とはうって変ったインテリで、かつて『日本』新聞の編集長をしており、戦争中は日本の特務機関として中国にいたと私に語った」(岩崎昶著『占領されたスクリーン　わが戦後史』新日本出版社)とし、増田自らが、安藤の「影武者」であり「黒幕」であると称したという。

ジャーナリストの大森実によれば、増田は明治三十五年長野県生まれで、中央大学法学部に学んだ。内務省警護局や日本新聞に関係しているうちに、右翼思潮の指導者、北一輝を知ったとある。また、折から台頭してきた共産党に対抗して、国体擁護連合会なるものを創設。「安藤明との出会いは、敗戦後、国を憂うる仲間が集まったとき、岩村法相秘書官、大石三良の紹介によった」とのことである。

増田が戦前に北一輝と関わりがあったのは確かで、二・二六事件(昭和十一年)で北とともに銃殺された西田税《みつぎ》は、北の『日本改造法案大綱』の「普及版の刊行に際して」(昭和三年十月)で、当局から伏字にさせられた「改造工程の手段方法の部」の大部分が解除されたとして、「この事は(中略)同志増田一悦君の努力によるものである」と記している(『北一輝著作集』みすず書房)。

増田は北、西田らの同志だった。そして戦後、共産党嫌いだった安藤とつながったのである。

さて、電信電話の復旧事業を安藤に依頼したのは、東久邇宮稔彦内閣と幣原《しではら》喜重郎内閣で逓信院総裁を務めた松前重義(昭和二十一年四月辞任、九月公職追放、東海大学創設者)である。

終戦直後の国内通信の状況は、「各都市の電信電話の電柱は或いは全焼半焼黒こげとなって街道に無惨な残骸をさらした。半焼けの電柱から電話ケーブルや電線が焼けただれてあちこちにぶらさがっている」（松前重義著『その後の二等兵』東海大学出版会）というものだった。

これが空襲を受けた日本の大中都市の有様である。しかし、この残骸は敗戦国日本にとって貴重な資源で、「この残骸整理による銅鉛の資源の回収こそは当時の緊急の課題であった」（同）。盗難も多く、早急に取り組まなければならない。

松前によれば、この仕事に安藤を推薦したのは東久邇宮内閣書記官長の緒方竹虎だった。緒方は厚木飛行場の処理での安藤の仕事を認めていたのだろう。

終戦時の混乱の中、これを請け負い、処理できる会社はあまりない。松前は安藤の機動力を認め、緒方の推薦に従って大安組に依頼する。

「安藤君のみがこのような雑用を引受けてくれたのであった」と松前は書く。

ちなみに、幣原内閣で内閣書記官長を務めた次田大三郎の昭和二十年十一月八日の日記には

「外務大臣〔吉田茂〕来訪。(1)進駐軍側に於て電信電話の故障に困り資材技師を借《ママ》してもよき故、復旧修理をしてくれとの事なる故、逓信當局を督励して呉れ、（中略）との話あり。（中略）松前逓信院総裁に外務大臣の話を傳え、善処方を頼む」（太田健一他著『次田大三郎日記』山陽新聞社）とある。安藤は松前とこれより前に知り合っていて（つまり、仕事を依頼されていて）、資源の回収だけでなく、この仕事も引き受けたのではないだろうか。

安藤は短時日で松前の依頼を処理し、松前の期待に応えた。全国から回収された銅鉛は各ケーブル会社に配給され、電信電話の復興をもたらすのである。安藤はこの事業のために、引揚者を

多く雇ったという。

増田によれば、大安組は進駐軍の仕事も受けた。「アメリカ進駐軍の命令ということで、ずいぶん無茶もやった。米も運ぶし炭も運ぶ」（大森実著『禁じられた政治』）。

財閥をはじめ、他の企業が終戦に直面して混乱する中、機に乗じる形で急成長する大安組。その会社の様子を、前出の、日本映画社製作局長だった岩崎昶が、同社の他のスタッフが製作した大安組の宣伝映画の試写を見て書いている。

「スクリーンで見る大安組は土建業とはいい条《ながら》、まことに民主的で和気あいあいたる大家族であること、休日になると従業員慰安の大園遊会を催すことなど、いいことずくめの羅列であったが、その最後のシーンは私をびっくりさせた。この組は、組長の安藤の指揮の下に、毎朝の始業前に全員が整列して国旗掲揚と皇居遥拝《ようはい》式とを行うのであった」

米軍防諜部隊のある大尉から、安藤は「暗黒街とつながりをもっている。だが同時にまた、日本の皇族やマッカーサー司令部の将軍たちとも近づきになっている大物」と知らされたマーク・ゲインも、『ニッポン日記』で大安組の事務所の様子を紹介している。

「大安ビルディングは銀座界隈にある四階建の幅はせまいがござっぱりした建物だ」

建物に入ったゲインは階ごとにいる若い男に眺められ三階に行く。ここでゲインは「外交部長吉田教授」の出迎えを受ける。「吉田教授」は安藤の通訳を務めていた。安藤によると、安藤の友人、大志摩孫四郎（終戦まで南洋拓殖の社長を務めた人物か）を通じて雇った人物で、「大學の英語の先生で、英文に巧みであつたが、米語はちつともしやべれなかつた」(「覺え書」)。安藤はこの吉田から英語の基礎を教わったりしたという。吉田は、吉田周平で、ゲインが聞いたところによれば、安藤から離れたがっているが、離れかねているようだったという。

さて、ゲインは吉田に案内され、四階の安藤の部屋に入る。ゲインの目に映った安藤は「ずんぐりした中々の好男子で、機敏そうな顔付の白髪まじりの男だった」。安藤の部屋は、片側の壁に大きな寝室用の鏡がはめこまれている。別の壁には裸女の等身大の油絵がかかっていて、その下には甲冑が飾ってある。ゲインが坐った椅子の真上には、サイン入りのマッカーサーの小さな写真がかけてあった。

安藤は昭和二十一年五月、東京都自家用自動車組合を設立して初代会長となっている。当時自家用車を持っていても動かすガソリンがなく、配給してもらうには組織をつくって役所と交渉するほうが効果的と考えてのことだ。

組合事務所は大安組の別館にあった。同協会の常務理事を務めた伊藤力が当時の安藤について次のように書く。

「銀座土橋際に大安組の赤褐色のビルがあって道路を距てた向側に業務課の一部が勤務している別館があった。それが組合の事務所に当てられた。家賃はとらない。備品やその他が一切無償提供された。今どきこんなことは到底想像もつかないことで金銭にはまことに淡白で気前のよい人であった」(小島末喜監修『㊙わが命天皇に捧ぐ』所収)

安藤は自らの性格を「人情味があるが、一旦立腹すると、人間が一変し暴れ回るところがある」と言っている。自分をよく知っていたのだろう。伊藤によれば、安藤は機嫌の悪い時や彼の意思に沿わない時などには役員でも誰でも怒鳴りあげたという。しかし怒っても後はサッパリしているのが彼の特徴であり、美点でもあった。機嫌がいい時は「しっかりやっているか」と皆にタバコを放って渡す。帳簿を見て、従業員の給料が少ないと、すぐに上げろと言った。

安藤明と政治家

電信電話事業で松前と親交を深めた安藤は、彼を総理大臣にしようとしていたようだ。松前は次のように書いている。

「当時彼〔安藤〕は（中略）幣原内閣が殆ど追放令によって崩壊しようとした時、後継首班として松前内閣を造るよう占領軍に運動して或る程度まで進展したようである」（『その後の二等兵』）

これは昭和二十一年一月四日にGHQより出された軍国主義者の公職追放・超国家主義団体の解散の指令によって、該当する閣僚がいたため、幣原内閣が解散の危機にいたった時のことだろう。この時、安藤が暗躍したのだ。

昭和天皇の侍従次長だった木下道雄の『側近日誌』（文藝春秋）の昭和二十一年一月六日の記述を見ると、「午後3時、熱海の安藤明君より電話あり。Fisher も彼の地にあり、松前逓信院総裁の秘書官もFisherに逢い、話を聞いて自動車で東京に帰ったから、直ぐ逓信院で総裁に逢って話を聞いてくれとの事」とある（安藤は熱海に別荘を持っていた。FisherはGHQ将校のバーナード・フィッシャー＝後述）。

木下は安藤の指示に従って逓信院に赴いて松前と会う。初対面だったとのこと。そこで聞かされたことは、「司令部は当初から幣原、吉田を信用して居らぬ」、「内閣は倒れる」、「（秘書官云う）司令部の信用は松前にあり」といったことだった。

木下は同日夜、天皇に拝謁。「松前は木戸の話によれば宣伝家なり。幣原の留任が一番よくないか」ということだった。木戸は木戸幸一だろう。

さらに翌日の木下の日誌には「須知君来る。（中略）後にて大石君来る」とあり（「須知」は須知要塞、「大石」は大石三良で、この二人はこの頃安藤と深い関係にあった＝後述）、後継内閣について話した。「松前、黒田にやらせる。Fisherとも話し合えり」。ただ、「岡田啓介大将は、松前、黒田には不賛成。既成人を求めつつあり」ともある。

安藤が須知や大石、それにフィッシャーの力を借りて、松前擁立に動いていたことがうかがえる。しかし、これは実現しなかった。一月十三日、幣原改造内閣が発足する。

「私が逓信院総裁をやめようとしているころ、木下道雄侍従次長が総裁室に来られていろいろ政治に関する質問をされたことから〝松前内閣説〟が国外で報道されたことがある。これを外務省がキャッチして幣原さんに報告したので、幣原さんは烈火のように怒った」（『私の履歴書文化人

17』日本経済新聞社）と、また、「サンフランシスコよりの国際放送で『松前内閣出現』を放送したため日本の保守勢力の反撃に逢って実現しなかったと言う話もあった」（『その後の二等兵』）と、松前は振り返っている。

大安組の事務所には松前だけでなく、多くの政治家が出入りしていた。

安藤明の生涯を描いた『にっぽん秘録　安藤明の生涯』の著者、中山正男は林譲治（吉田内閣で内閣書記官長、厚生大臣、副総理）、佐藤栄作、片山哲（日本社会党委員長）、緒方竹虎、西郷吉之助（西郷隆盛の孫、戦前は貴族院議員、戦後佐藤内閣で法務大臣）、芦田均らの名を挙げている。その多くには政治献金も行っていた。中山は、その金は政治家の育成を目的としたものと、ただ金を与えたものの二通りがほとんどだったという。

ちなみに、中山は三船敏郎主演で映画化された小説『馬喰一代』の著者で、北海道出身。父は馬喰だった。安藤も北海道で叔父が営む馬を使っての運送業を手伝っていたので、親近感を持って安藤の生涯を描こうとしたのかもしれない。

その中山に、安藤の弟の三郎は片山哲が来た時のことを話している。

「(片山は) 肥った体をきゅうくつそうにして、例の色眼鏡をかけて、じっと坐っておりました。兄はソファの上に大あぐらをかいて、不作法な態度でした。〃とりあえずこれをだすから持っていくように〃と、その時たしか十万円ほど渡したはずです。(中略) 片山さんのときは、連立内閣ができあがりまして［片山内閣は昭和二十二年五月二十四日から］、政治資金じゃなかったでしょうか。

〝自由党からもくるのに、社会党までこられたんじゃあ、オレの天皇制もおかしいかな。それでもくるんだから、しょうがないや〟といっていました」（『にっぽん秘録』）

三郎によれば、戦後第一回の第二十三回総選挙の時（昭和二十二年四月）には、林譲治を通して日本自由党に大変な額の金を出したそうである。

その総選挙でトップ当選した吉田茂にも、時期は不明だが、金を渡した。大森実は安藤から依頼を受けたという弁護士の猪俣浩三に取材している（『禁じられた政治』）。その際、猪俣は次のように証言した。

「吉田茂に百万円献金したそうだ。その百万円を、吉田が返さぬというので、安藤は吉田を相手どり、訴訟を起こすつもりで私のところへやってきた」

「一札とってあるか」と猪俣が聞くと、

「ちょっと貸せというので貸しただけで、一札はとっていない」と安藤。

「それじゃあ献金だととられる。内容証明だけ出して、吉田側がどう出るか見たらどうだい」

ということで、訴訟はしなかったとのこと。

この件に関して、大森は安藤三郎の「吉田内閣の何回目かの選挙の前後に、総理の官邸に、行李詰めの金をもっていったことがあります」という証言を紹介している。この行李には四百万円が入っていた。大森が吉田の首席秘書官だった福田篤泰《とくやす》に直接確かめたところ、「行李一個は受け取った」と認めたという。大森は、三百万円は返されて、安藤は残りの百万円について猪俣弁護士に相談に行ったと推測する。最盛期の安藤だったらそのようなことはしなかったろう。後述するように安藤は後にＧＨＱに逮捕され、釈放されてからは没落の一途を辿る。その間のことなのである。

安藤明と愚連隊・万年東一

終戦直後のほんの一瞬だったが、絶頂期の安藤は、政治家以外にもいろいろな人を助けた。資金が潤沢になると、親分肌の男は、話の内容にもよるが、頼まれると、「よし、任せろ」となる。安藤もそのタイプだったのだろう。たとえば、日本耳鼻咽喉科学会の会長を務めた西端駿一（驥一）がその恩恵に与かった。

戦後間もない頃、蓄膿症の研究を続けてきた西端は、読んでいた『リーダーズ・ダイジェスト』に書かれていた記事に「息がとまるほどのショック」を受けた。「ペニシリンの霧を鼻にふきこむと、蓄膿症の大部分が治る」と書いてある。西端はなんとかしてこの方法を具体的に知りたいと思ったが、まだ誰もがアメリカへ行ける時代ではなかった。そんな時、人を介して安藤が買ってやると言っているという話が入った。西端は「天にものぼる喜び」で安藤の会社を訪ねた。

西端が「よろしく頼みます」というと、安藤はその場で、『リーダーズ・ダイジェスト』の日本語版編集長の鈴木文史朗に電話をし、

「アメリカに行ったらペニシリンネブライザアを一台買ってきてくれ。それからコロンビア大学に行って、研究の文献をもらってくることを忘れぬように」と依頼。結果、西端はネブライザーを入手することができたのだ。

「私が器械を手にし実験を重ね、学会にその成績を報告したのは、それから間もないことである。（中略）耳鼻専門医も、やがてこれを応用し、急性症のものはほとんどこの方法で治るようになった。亡き五島慶太氏の蓄膿症もこれで治った」（小島末喜監修『㊙わが命天皇に捧ぐ』所収）

西端は、安藤は「鼻科」にとって大恩人だと書いている。

三十七代横綱の安藝ノ海も次のように回想する。

「先代の春日野さんや現出羽海をつれて、安藤さんの家に遊びにいくと、ポンとお祝儀にくれるんです。終戦すぐの頃の一万円だから大変なものでした」（同）

また、戦前から愚連隊の首領として知られた万年東一（のちに右翼団体大日本一誠会初代会長）とも一時期関係があったようだ。『突破者』などで知られ、万年と交流があった宮崎学によれば、万年が安藤の用心棒のようなことをしていたという（『不逞者』角川春樹事務所）。出征していた万年は昭和二十年十月に復員し、翌年東京に戻った。それからの付き合いだろう。安藤は、万年の二人目の妻となる睦美の最初の子の出産費用として五万円を出したのだが、万年はお産以外に使ってしまう。

さらに次の子の出産の時、金に困った睦美は安藤を呼び出して無心をした。安藤は現金の持ち合わせがなかったので、ダイヤを渡したとのことだ。睦美が万年と入籍したのが昭和二十三年の夏。後述するように大安組が倒産するのはその年の十月であり、安藤の懐は火の車だったと考えられ、男気のある安藤は手元に現金がなく、ダイヤを渡したのかもしれない。睦美はこれを質に入れ二万円を手にしたという。

それに恩義を感じてか、万年は「最後まで安藤とつきあった。倒産した安藤の会社の整理に関わって、ヤクザと警察の両方から追われる目に遭っている」(『不逞者』)とのことである。

安藤明と高松宮

安藤は高松宮とも昵懇になる。

前述の松前重義が安藤を高松宮のところに連れていき、紹介するのである。

「松前君を通じて高松宮に会う機会を得たのは、たしかこの年〔昭和二十年〕の十月前後であったと思う」(「回想録」)

安藤と高松宮との関係を示すマーク・ゲインの記述がある。

ゲインが安藤の事務所を訪れた時、高松宮に会いたいが、いろいろ手を尽くしても会えないでいると言うと、安藤が「私が手筈を整えましょう。いつがいいですか」と、たやすいことのように応じる。ゲインが「次の月曜日」と答えると、間違いなく会わせるという。

そして、その月曜日、昭和二十一年六月十日、安藤は約束通り、ゲインと他のアメリカ人二人を高松宮邸に連れていく。高松宮の日記では六月十一日となっていて、「〇九五〇安藤、外人記者（シカゴサン等）三名仝伴《どうはん》」とある。正攻法で取材を頼んでもかなわなかったのに、安藤はすぐに、しかもゲインの都合に合わせて、高松宮の日程をおさえている。高松宮と安藤がある程度親密な関係にあったことはうかがえる。高松宮の日記には面談の内容は書いていないが、ゲインが書く面談の様子からも二人の関係をうかがい知ることができる。

ゲインは「殿下とこのゴロツキ［安藤のこと］との不可思議な関係を眼で見ることができた」という。

ちなみに、この「ゴロツキ」というのは原文では「the racketeer」である。『ニッポン日記』の井本訳では、ゲインは安藤を「ゆすりだといわれている」、「安藤という無頼漢」とも表現している。ただ、これらも「a racketeer」「the racketeer」と、同じ単語を使っているのだが、井本訳では「ゆすり」「無頼漢」「ゴロツキ」と使い分けている。「racketeer」は、「違法なこと、不正なことで金を得ること」という意味で、「ゆすり」等と同じく「悪い奴」を表す言葉には違いないのだが、それにしてもこのようにいろいろ悪い言葉をあてられると、安藤のイメージも自ずと悪くなる。

また、ゲインはN大尉の話として「安藤はギャングの親分です」とも書いている。これも原文は「Ando is a gangster」で「安藤はギャング」という意味で、特に親分と表記することもない。

安藤はのちに「回想録」で「私をボス扱いすることはこの際速やかに是正してもらいたいという気持ちで充ち満ちている。（中略）たとえば尾津とか関根などと同一視されておるような感じがしてならない」と不満を述べている（「尾津」はテキ屋の関東尾津組の尾津喜之助、「関根」は土建業などを生業とした関根組の関根賢《まさる》か）。もっとも、佐藤六郎大佐も安藤のことを親分呼ばわりしているので、戦前からそのような雰囲気があったのだろう。ただ、安藤はテキ屋でもやくざでもない。

ゲインが見た高松宮と安藤の様子に戻ろう。

「私たちの質問に殿下が当惑しそうになるたびに、安藤がすばやく横合いから『殿下はこうお考えになっておられる……』と口をはさんだ」とゲインは『ニッポン日記』に書く。

安藤はゲインの質問に対して高松宮の答を半ばからひったくったり、高松宮が口を開く前に答えてしまったりした。

「これは半神格の皇族方の面前にいる敬虔なる臣下の姿ではなかった。彼らは対等、おそらく友達同士だった」

この安藤の態度を高松宮がどう思っていたかはわからないが、ゲインの眼には二人は友達同士のように映ったのである。

このような二人の関係はどのようにしてつくられてきたのか。

高松宮の日記に安藤の名前が出るのは昭和二十年十一月十四日であり、「一四〇〇松前、安藤氏」と書かれている。松前が戦後、高松宮邸を訪れるのは昭和二十年九月三日で、松前が次に訪れたのが安藤を連れての十一月十四日である。

次に安藤の名前が出てくるのは一カ月後の十二月十四日で、「○八三五相川氏（安藤明ノ件、（中略）陛下ノ御事ニツキ憂フルコト話合フ）」と書かれている。「相川氏」とは小磯内閣で厚生大臣を務めた相川勝六。高松宮は相川と昭和天皇のことについて話しあったようだ。しかも、「安藤明ノ件」とあるように、安藤と関係する話である。

さらに、十二月二十四日に安藤は一人で会いに来て、後述するクリスマスの出来事を挟んで二十八日、フィッシャーらGHQの将校を連れて訪問。その時高松宮は「親睦会（鴨スキ焼キニテ）」まで開いている。

年が変わり、昭和二十一年一月九日には、「午後、渡辺八郎、安藤、須知」とあり、二月十八日にはGHQの少佐ら数人を安藤が高松宮邸に連れてきている。安藤はさらに四月二十五日に顔を出し、六月にゲインを連れていくのである。この間に、高松宮と安藤は、ゲインが目撃したような関係になっていたわけである。

では、安藤はなんの目的で高松宮に会いに行ったのか。高松宮は安藤と会った際、どのような話をしたのかは書いていないが、安藤は、松前とともに十月前後に高松宮邸を訪れた際、天皇制護持について話し、高松宮は兄である天皇の身辺について非常に心配していたという。天皇の行く末はどうなるか、天皇制はどうなるか、この頃の日本人には誰もわからなかった。

小樽市生まれで、戦中はハワイの日本人捕虜収容所所長などを務め、戦後、連合軍総司令部の民間情報・教育部に所属していたオーテス・ケーリは、式場隆三郎（精神科医）とともに何度か高松宮を訪れていて、その際のことを書いている。占領から三カ月ほどの頃、ケーリは、「天皇に対してはほとんどすべての日本人が一種の忠誠心をもっているので、現在、日本で急速に効果的に作用し得る力としては、彼の力が唯一のものであろう。だから（中略）今こそその力を用いるのによい時というべきであろう」と考えていた（オーテス・ケーリ編訳『天皇の孤島　日本進駐記』サイマル出版会）。そのケーリに高松宮は「天皇にできることって、具体的にはどんなことでしょう」と問い、助言をもらっている。天皇を生かすにはどうすればいいのか、高松宮は思案していた。彼は松前や安藤ともそれについて語り合ったと考えられる。

天皇の処遇をめぐる動き

高松宮が心配する天皇の処遇について、当時はどのような状況だったのだろうか。

まずアメリカ。日本が降伏する前の六月、戦後の天皇についての米ギャラップ社の世論調査では、「殺害する」「処罰する」「裁判に付し、有罪ならば処罰する」というような、なんらかの形で天皇の処分を望む声が大半を占めた。

これに対し、米国の国務・海軍・陸軍三省調整委員会は八月二十二日に占領の形態は間接統治とし、天皇を含む政治機構を積極的に利用する方針を決定した。「これはその後、字句の修正を加え、大統領の承認をへて、九月二十二日に米国政府の正式方針となった」（中村政則編『近代日本の軌跡6 占領と戦後改革』吉川弘文館）。天皇を日本統治に活用できれば活用しようというものだ。

しかし、世論はそうはいかない。終戦前からポルトガル公使としてリスボンにいた森島守人は、九月二十五日発の吉田茂外務大臣宛の極秘電で、アメリカのオピニオン雑誌「ニュー・リパブリック」の記事を伝えている（粟屋憲太郎編『資料日本現代史3』大月書店）。それによれば、同誌は「天皇ハ法律的並ニ道義的意義ニ於テ戦争犯罪人タルハ確カナリ」と論じている。

オーストラリア、中国なども天皇及び天皇制に厳しい態度を示していた。

一方、マッカーサーは次のように考えていた。

「連合国の一部、ことにソ連と英国からは、天皇を戦争犯罪者に含めろという声がかなり強くあがっていた。現に、これらの国が提出した最初の戦犯リストには、天皇が筆頭に記されていたのだ。私は（中略）そういった動きには強力に抵抗した。

ワシントンが英国の見解に傾きそうになった時には、私は、もしそんなことをすれば、少なくとも百万の将兵が必要になると警告した」（津島一夫訳『マッカーサー回想記』朝日新聞社）

前出の次田大三郎は十月二十六日の日記に、「原口中将ガ来訪シテ、マックアーサー司令部ノフェラーズ［ボナー・F・フェラーズ］ト會見シタ話ガアッタ」として、内容を記している。「原口中将」とは予備役だった陸軍中将の原口初太郎のことで、戦前は衆議院議員も務めた。その原口によると、米国では真珠湾攻撃に対する天皇の責任の問題が最も重大な問題であり、マッカーサーやフェラーズは（フェラーズについては後述）、天皇に対してよい感情を持っていて、この問題で天皇に迷惑の及ばないよう解決したいと考えているのだが、米国本国の世論はそうではなく、また、ソビエトからの申し入れもあって、なかなかマッカーサーの思うようにいかないようだという。

一方、日本人はどう考えていたのか。

米国海軍日本語学校を出て、海軍技術使節団の一員として日本に来ていたW・シオドア・ドベリーは、天皇を戦犯にして退位させるという話がアメリカでしきりに言われているため、大勢の日本人が「こんもり茂った谷間の岩に深くくりぬいたしめっぽくて陰気な穴」の扉の前で午前二時頃からひざまずいて天皇の安泰を明け方まで祈っている、という話を鎌倉である青年から聞き、それを十二月五日の日付の手紙でドナルド・キーンに書き送っている（オーテス・ケーリ編訳『天皇の孤島』）。

この「穴」は、後醍醐天皇の皇子で、足利氏に殺害された護良《もりよし》親王を祀った鎌倉宮にある土牢のことだろう。天皇はどうなるのか。高松宮に限らず、多くの日本人が憂慮していたのである。その思いはマッカーサーにも向けられた。

「敗戦の衝撃がようやく静まりかけた十月ごろから翌年初めにかけて、多くの国民の関心と憂慮は、天皇制がどうなるのか、また天皇個人の戦犯訴追はあり得るのかということにあった。新しい支配者マッカーサーにあてて、国民が天皇の助命を嘆願し、天皇制の護持を訴えた手紙の多くがこの時期に集中した」という袖井林二郎は、その手紙を『拝啓マッカーサー元帥様』（岩波書店）で紹介している。そのひとつは次のようなものである。

天皇陛下ハ我等日本人ノ生命デアリマス、我等ハ天皇ナクテハ生キテ行ケナイノデス、何卒陛下ヲ苦シメナイ様ニシテ下サイ、是レ我等日本人ノ至上ニシテ最モ切実ナル念願デアリマス、是非御聴許ヲ願イマス

このような日本人は少数派ではなく、大半だった。袖井は当時の世論調査の数字を紹介していて、それによると、九五パーセントが天皇制を支持するというものだった。ただし、これは戦前の天皇制ではなく、国家神道などを廃止するためにGHQが十二月十五日に日本政府に出した覚書である神道指令などによって「牙を抜かれた天皇制を支持していた」（袖井林二郎著『拝啓マッカーサー元帥様』）のである。

大安組社長、安藤明もそのような天皇観を持つ大多数の日本人の一人だったのだが、彼はそのためにGHQ相手に具体的な行動を起こす。その足掛りとなったのが、バーナード・フィッシャー（前述の木下道雄の『側近日誌』に出てくるFisher）との出会いである。

終戦の秋、安藤は妻に連れられ、妻が信仰している宿河原不動に詣でた。そして、そこの管長である老僧に「安藤さん、近いうちに、あなたの事務所に、マッカーサー元帥と天皇を助けるために、非常に大切なアメリカ人がゆくよ、その人とよく話してごらん」とのお告げを受ける。信

仰心のあまりない安藤は半信半疑で帰った。

安藤はある日、ふとこのお告げを思い出し、事務員に会社の前を通る外国人を誰彼となく連れてくるように命じた。その翌々日、二人のアメリカ人将校が前の通りを歩くのを見た安藤は、自ら声をかけ、事務所に連れてきた。

その一人が、日本語ができる、GHQのフィッシャー大尉だった。二人はこれを機にフィッシャーが安藤の住まいを訪れるほど昵懇になる。

フィッシャーは、「元放送作家で農地改革指令の原案の作成にあたった男」(マーク・ゲイン著『新ニッポン日記』)であり、安藤にも農地改革の仕事を担当することを話していた。一方、安藤はフィッシャーに「ひたすら、天皇護持について、哀訴嘆願」(「覚え書」)し、彼の助言を受けつつ、GHQの高官と接触する仲立ちをしてもらうのである。

［文責＝坂本俊夫］

第五章　大安クラブ

天皇のマッカーサー訪問と安藤明

昭和二十（一九四五）年九月二十七日、天皇はアメリカ大使館にマッカーサーを訪問した。マッカーサーが天皇を呼び寄せたわけではなかった。彼の幕僚は、権力を誇示するため、天皇を総司令部に呼び寄せてはどうかと勧めたが、マッカーサーはこれを退けた。「そんなことをすれば、日本の国民感情をふみにじり、天皇を国民の目に殉教者に仕立てあげることになる」（『マッカーサー回想記』）からだ。

一方、天皇はマッカーサーに会おうとしていた。東久邇宮内閣で外相となった吉田茂がマッカーサーを訪れた際にそのことを伝えた。吉田は次のように回想する。

「當時私は東久邇内閣の外務大臣になったばかりの時であったが、元帥に會いたいといわれる陛下の御内意を聞かされた私は、（中略）その旨を元帥に傳えてみた。すると元帥は大賛成で、（中略）『陛下がお出で下さるならば、何時でも喜んでお會いする』ということであった」（吉田茂著

『回想十年　第四巻』東京白川書院）。

これをみると、天皇とマッカーサーの会見を実現させたのは吉田茂ということになるのだが、他方で、この天皇の訪問に関して、安藤明が関わったという話がある。

「この会見の発案者は、厚木基地の米軍受け入れ体制を整備し、その後は大安クラブで米軍高級将校の接待外交をしていた安藤明であったという」と書くのは歴史学者の神田文人である（『昭和の歴史第8巻　占領と民主主義』小学館）。

また、佐藤栄作は「あの歴史的な〝天皇とマ元帥との会見〟。これを実現させたものは、まさしく安藤君一人が心血をそそいで奔走したからである」としている（小島末喜監修『㊙わが命天皇に捧ぐ』所収）。

では、具体的に安藤は何をしたというのだろうか。

安藤はフィッシャーを介して、最高司令官軍事秘書のボナー・F・フェラーズ准将と知り合いとなる。それから「フェラーズは小生の家にも來た」（「覺え書」）という付き合いをしていく。

フェラーズはリッチモンド市にあるアーラム大学在籍時、日本人留学生の渡辺ゆりと知り合い、大正十一（一九二二）年に日本に来た際、ゆりと再会。その時、「日本を知るいちばんいい資料はラフカディオ・ハーンだ」と紹介され、以来小泉八雲（ラフカディオ・ハーン）の著作を読み、昭和五年に再来日した時に大久保の小泉家を訪れている。その際フェラーズは芳名録に「ハーンが私に日本を愛することを教えてくれた」と記している（「小泉八雲記念館」）。そして、戦後、GHQの一員としてやってきた。小泉家の人と会いたいと思ったが、所在がわからない。安藤は、フェラーズが「八雲の孫に会いたい」と言ったという。孫とは小泉時のことである。時は大正十四年生まれだからこの頃は二〇歳。

フェラーズの願いに安藤が一肌脱いだ。警視庁の幹部に所在を調べてもらい、小泉家の者を連れて大使館にフェラーズに会いにいった。

この辺の経緯について、フェラーズの紹介でGHQの第七一通信大隊に無線通信士として勤務した小泉時は次のように書いている。

「昭和二十年の十月も半ばを過ぎたころ、ある土木会社の社長秘書課長なる人物が、突然、焼け出されたも同然の渋谷・猿楽町のわが家に現れた。（中略）会社としては、マ司令部に取り入ろうと懸命だったらしく、たまたまGHQの高級将校が小泉の家を探しているとの噂を耳にし、社員を八方へ手わけしてやっと探し当てたものだったらしい。この秘書課長の持参したフェラーズ氏の手紙により、同氏の無事を知り、当方も安心した次第である」（小泉時著『ヘルンと私』恒文社）。

小泉家とフェラーズの再会を実現したのは安藤だったことは間違いない（小泉時は、フェラーズに会いにいった時、安藤が同行したとは書いていない）。

安藤の「覚え書」によれば、それからフェラーズが安藤の家にも来て、その際、「高松様の御言葉もありマ元帥と天皇との會見をたのみ込んだ」という。すると、「明日迄待てとの事、翌日の返事に元帥は喜んで逢つてくれるから正式に渉外部を通じて申込めとの事、早速夜中高松邸を訪問して委細申上げた次第だ」(「覺え書」)。

「高松様の御言葉もあり」ということは、天皇が高松宮にマッカーサーに会いたいという気持ちを伝えていたということだろう。だとすれば、高松宮はこれを松前重義が連れてきた安藤に話したことになるわけだ。松前が戦後、高松宮を訪問したのは九月三日だが、前述のように安藤が松前の紹介で高松宮に会ったのは十月前後と安藤自ら言っている。天皇とマッカーサーの会見は九月二十七日だから、安藤が高松宮と初めて会った時にはもう終わっていたとも考えられる。しかも、小泉時によれば、大安組の秘書課長がフェラーズの手紙を持参したのは十月半ば過ぎで、これを見ても、天皇とマッカーサーの会見は終わっている。また、高松宮の日記に安藤が登場するのは十一月十四日からである。

一方、「回想録」では安藤は違うことを書いている。

「ある日高松宮に会いに行ったときに、『天皇は靖国神社に訪問したものかどうか、安藤君、君済まんが聞いてみてくれ。非常に天皇も心配しておられる』。(中略)私は直ちにキャプテン・フィッシャーに電話をして来訪を求め、その話をすると、それならいい人を紹介しようというので、私は幸いにもマッカーサー将軍の副官であるゼネラル・フェラーズという人にお目にかかることができた。そうしてこの人に会ってこの靖国神社訪問の件について説明を申し上げたところが、よろしい、マッカーサー将軍に伺ってみてあげよう。(中略)その返事は今晩するから、アメリカ大使館に来たまえ、こう言われたので、その晩に私はアメリカ大使館を訪ねた。その際、副官が言うのに、『それは差し支えない、同時にこれは渉外局を通じて正式に申し込んでもらいたい、必ず許可するであろう』。こういう快諾を得て、これを高松宮に報告申し上げ、ともどもに私は喜んだわけである」

「覚え書」の「天皇・マッカーサー会見」と「回想録」の「天皇の靖国神社訪問」は、渉外部（局）を通じて云々等、話の流れが似ている。

ここでこの間のことを改めて整理してみよう。

前章に書いたように、安藤が「お告げ」を受けたのは「終戦の秋」だから、少なくとも九月以降だ。それからフィッシャーと知り合い、彼にフェラーズを紹介される。そして、小泉家の所在を探し、フェラーズと小泉時との再会を実現したのは、時によれば十月半ば過ぎ。安藤の「覚え書」では、この時のことについて、「天皇のマッカーサー訪問については、私は、この夜の會談の結果、フェラーズ氏の努力がきいたことと思う」としているが、天皇がマッカーサーを訪問したのは九月二十七日である。時間的に合わない。

こう見ると、「覚え書」の記述は安藤の記憶違いではないか。のちに書き残した「回想録」のほうが辻褄が合う。九月か十月にフィッシャーに紹介されてフェラーズと初めて会い、その際、小泉家のことを頼まれた。そして、十月半ば過ぎにフェラーズと小泉時の再会があり、その後、自宅に来たフェラーズに天皇の靖国神社訪問について打診し、十一月二十日に天皇の靖国神社行幸が実現する。

安藤は「覺え書」で天皇とマッカーサーの会見をフェラーズに頼んだとしているが、安藤がフェラーズを通して実現したのは、「昭和天皇靖国神社行幸」だったのではないか。安藤は両者を混同して、「覺え書」に書いてしまったと考えられる。「覺え書」と「回想録」の話の流れが似ているのはそのためではないだろうか。

もちろん、だからといって、天皇・マッカーサー会見に安藤が無関係だったとはいえない。安藤は「回想録」で、天皇がマッカーサー将軍のところに訪問する件について、陰にまわってあらゆる努力を払い、その基礎工作を自分がやったと書いていて、なんらかの工作はしたのだろう。

ところで、安藤はフェラーズから「天皇制のことについては、非常に理解ある言葉をいたゞいた」(「覺え書」)と書く。これには嘘はないと思う。安藤は、フィッシャーに「天皇護持について、哀訴嘆願」していた。それがフェラーズに伝わっていて、さらに直接会って訴えた。その自分の熱意がフェラーズの心を動かしたと思ったのではないか。「理解ある言葉」からそう思うのは無理もない。しかし、フェラーズは安藤の熱意に心を動かし、天皇制について好意的に考えるようになったわけではない。

フェラーズは、八月二十七日のIDS(情報頒布部、のちに民間情報教育局)の政策指示書に、「天皇は依然として日本人の信仰の生きた象徴であるから、この天皇の力は、敗戦のショックによる人心の動揺を抑えるのに有効であろう」と書いている(東野真著『昭和天皇二つの「独白録」』日本放送出版協会)。フェラーズは安藤に言われるまでもなく、天皇の存在を残すことが日本統治にはよいと考えていたのだ。

そんなフェラーズだから、安藤の懇願に否定的な態度は示さず、「理解ある言葉」となったのである。

米日福祉協会

安藤は天皇を、天皇制を守るためにどうすればいいのか、模索し、実行に移していった。後述する大安クラブと並行して進めたのが、米日福祉協会設立である。

侍従次長木下道雄の『側近日誌』の昭和二十年十二月三十日のところに「東京に米国Puritanのclubがある。須知も其の一人。安藤明は三百万円も出して居る」と書かれている。

「須知」とは須知要塞。政界、財界の要人と関係のある男だった。安藤は、前出の大石三良に紹介された、「東久邇宮秘書官と自称する」須知を、一見暴力団のような顔をしていて、右翼とも左翼ともつかぬ人物と感じた。

安藤に須知を紹介した大石は、

「この男とともに宮中に行って、これが話をすれば必ず宮中は金を出す。すでに東久邇宮からも話をしてある」と言う。

「だれに会うのだ」と安藤。

「侍従次長の木下に会おう」ということで、三人で木下を訪れた。『側近日誌』の記述はその時のものだろう。

では、安藤らは宮中から何の金を引き出そうとしたのだろうか。

「街は飢えと敗戦のショックによる混乱、空襲による惨状、その他疾病等々、これらが氾濫しておる最中に、共産党はこれを何とか是正しなければならぬと、声を涸らして新聞にラジオに、街頭に騒ぐのはむりからぬことではあるが、何かここに社会的な施設が欲しいものである」(『回想録』)

こう安藤は考え、識者らと話し合った。そこに出てきたのが大石である。大石が、友人であるキリスト教宣教師がいるから、相談してみようというので会いに行く。このアメリカ人宣教師は、街にあふれる浮浪者、病人などに心を痛めていた。それで、安藤らの話に関心を示した。安藤らは、米日福祉協会をつくり、この人に協会の会長になってもらい、名誉会長をマッカーサー夫人にお願いしようと考えたのである。安藤はこれに百万円ほど投じた。

しかし、これだけでは天皇を助けることにはならない。そこで、街の浮浪者などを救済するのに「天皇にもその責任の一端を担っていただき、この会の協力者として何がしかの寄附を仰ごうではないか」(『回想録』)という話になったのである。

このような社会福祉事業に天皇も援助しているということになれば、連合国に対する天皇のイメージも少しはよくなると考えたのだろう。その窓口となってもらうために、安藤らは木下を訪問したのである。

しかし、この取り組みは成功しなかった。その理由は、会長にした宣教師が急死したことと、「数千万円の金」を、後述する大安クラブなどでほとんど使い果たしてしまい、同時に天皇制護持の見通しもできたからと安藤は言う。

また、安藤が協会設立から手を引いたのにはほかにも理由があった。大石や須知の、いろいろな形で自分から金を引き出そうという魂胆に嫌気がさしたのである。

大石は「金がいるから十万円寄こせ」とかいい、須知は、木下侍従次長から金が出ないのに怒って安藤のところに来て、「自分の小指を切ってくれ、それを持って木下のところに行って、安藤が怒って私の指を切ったといって一億円くらい出してもらう」とやくざのようなことを言う。さらに須知は十万円を数回、安藤から引き出している。

そんな二人に安藤はあきれて、手を引いた。

安藤の参謀格の増田一悦は、「彼らは実に怪しからぬ徒輩である。大石以下容易ならぬ存在であると自分は君に警告する」と安藤に言っていた。その警告は正しかったのである。

安藤、大安クラブを開く

安藤の天皇制護持のための活動はこれでだけではない。前述のマーク・ゲインは、「N大尉」

の話として、安藤について次のように書いている。

「安藤は何百人かの日本人の女を手もとにもっていますが、西洋の女も十何人かサーヴィスさせることができます。――白系ロシア人、ドイツ人、イタリア人、元ナチの役人の情婦、移住者の娘、スパイ。これらの女の多くは接待係、電話交換手、通訳などになって総司令部で働いています。ある女は、安藤のやり方は気に入らないが、『借金があるので』と言っていました。またマリアというロシア人の女は、安藤のために『特別任務』についています。アメリカの将校と週末を山間の静養地ですごした日本人の女に安藤が一万円払った事実も私は知っています」

安藤が天皇制護持を目的にGHQに対する「情報収集・籠絡網」を拡げていたともとれる証言だが、すべてが真実かどうかは定かではない。ただ、それくらい隠然とした力があると見られていたのだろう。

そしてさらに安藤は、「昭和鹿鳴館」の異名を持つ大安クラブをつくり、ここを拠点にGHQの一部将校たちとの関係を深めていくのである。天皇のマッカーサー訪問から間もない十月初旬のことだ。

クラブ開設の経緯を安藤は「覺え書」でフィッシャーの進言によるとしている。フィッシャーに「天皇制のことを、それほど心配するならば、人を集める場所を造ったらどうか、そうすれば、それに關連する司令部その他の人々を集めてあげる」と言われ、動き出したのである。

安藤は築地の料亭で沖電気の寮となっていた「分《わけ》とんぼ」を、「某有力者の斡旋」で安い相場で引き取って改造する。そこに主立ったGHQの将校たちを招待して、天皇制の必要性を力説した。

安藤は言う。

「この運動のために私は全財産を蕩尽したと言ってもいいのであるが、それは当時の額でおそらく数千万円に上る」(『回想録』)

また、増田一悦は大安クラブ開設の経緯を、「国体護持だけはなんとしてもやらなければ」と、同じ理想を持つ安藤明と組んで、対GHQ工作をやってきたのだが、その一つとして「GHQの高級将校をまるめこむ計画」を立て、大安クラブを開いたと説明する。

「まるめこむ」例として、ゲインは次のような話を紹介している。

某大尉がある日、エルジンの時計をポケットから出すと、それを見た安藤が、「きれいな時計ですね。ちょっと拝見」と手に取り、「譲ってください。おっしゃるだけの金額を払いましょう」と持ちかけた。大尉は正直に二八ドルというと、数日後、安藤はこの大尉に一万八千円を払った(ゲインによれば千二百ドル相当)。もちろん、大尉は大喜び。「安藤という男はすばらしいやつだ」と言ったという。

酒、女、ものを武器に天皇制護持を図る

ものでも釣るだけではない。大安クラブにGHQの高官・将校を呼び入れ、「酒と女を使った民間外交」（増田一悦著「天皇制護持への奔走」『潮』一九七三年八月号所収）を始めたのである。

では、実際の大安クラブとはどのようなクラブだったのか。

前述の『にっぽん秘録　安藤明の生涯』を中山正男が上梓したのは昭和三十八年だが、その際、大安クラブの関係者に取材している。その一人、大安クラブの女中頭として働いた北村トクという女性の証言によると、安藤は、別の料亭で働いていたトクをスカウトし、トクはクラブ開設の準備段階から協力した。飯茶碗一つ、皿一枚集めるところから始め、三越や高島屋の古道具売り場を毎日歩いて揃え、クラブで働く女性を集めるために、松坂屋の地下あったダンスホールへ毎晩通って、「いい娘を引き抜いた」。安藤は、金はいくらかかってもいいから、「背の高いべっぴんを揃えろ」と言い、「給料は無論とびきり、ダンサーばかりでなく、もと芸者や、お女郎あがりも加え、三十人くらいになりました」とトクは語っている。クラブの支配人となった猪股外喜男によれば「素人娘も新聞広告で募集」した（大森実著『禁じられた政治』）。

トクは開店までに一カ月かかったというから、安藤は九月の段階で大安クラブ開設に着手していたことになる。

戦前、小津安二郎監督の『淑女は何を忘れたか』などで女優として活躍し、日本舞踊の水木流家元でもあった栗島すみ子（水木紅仙）は、「終戦直後の、芸術だとか日本美の伝統だとか全く縁

のない、モンペとリュックサックの時代になにかと」安藤に世話になり、踊りの稽古場として大安クラブを貸してもらったこともあり、「また『座敷に彩りをそえてくれまいか』ということで、進駐軍の方とか偉い政治家のいるお席で、踊りをおみせしたこともありました」と書いている（小島末喜監修『㊙わが命天皇に捧ぐ』所収）。

トクの回想によると、「お客さんの呼びこみは、フィッシャー大尉と、通訳の吉田周平さん」で、ＧＨＱの高官を毎日二、三十人くらい連れてきた。「なかには女の子と寝る人もいたのですが、飲み喰いは勿論お金は一切いただかないのです」（トク）。

そして、クラブに来た客には、着物、紋付、袴、刀剣、真珠、カメラなどを贈った。「このプレゼントの費用だけでも、当時の金で一千万円は使っているんじゃないでしょうか」（同）。

ゲインも『ニッポン日記』に大安クラブに行ったある将校の話として「アメリカ人たちが招かれて素晴しい食い物や酒や女を―その家で―提供される。（中略）その将校が出席した宴会は、少なくとも三万円（原文では二千ドルとも併記）はかかったろうと彼は言った」と書いている。

また、増田は、「訪れる将校は、彼らのいわゆる〝日本人形のような〟女を抱き、将校婦人連はこちらで用意した男と寝た」とも書く。

酒、女、もの――欲望がらみで人を取り込む代表的な手段を安藤は惜しみなく活用したのである。トクによれば、どの客間にも、バス、トイレがあって、スチームを通した料理屋はここだけだった。そして、小部屋も多かった。「フィッシャーさんは、この部屋で、アイ子さんとよく寝《やす》みました」とトク。

ＧＨＱで活動した日本研究家のハリー・エマーソン・ワイルズは「安藤はその所有する十八軒の女郎屋をアメリカ人の御用に供した」（井上勇訳『東京旋風　これが占領軍だった』時事通信社）と書き、ゲインも「安藤の企業の一つには、十八軒の妓楼のチェインがある」という。

ゲインは安藤に関するＧＨＱの調査資料をもとに書いていて、ワイルズもおそらく同じ資料を見たのだろう。この調査資料は、たとえば、「厚木飛行場を整備する仕事を請負い、四日間でこれを仕上げた」とするなど、必ずしも正確ではない。大安クラブは、以前は待合で、また、沖電気の寮だったこともあり、小さな部屋がいくつもあったというから（ゲインが初めて大安クラブを訪れた昭和二十一年六月八日、その様子を伝えているが、そこには「この家の二十二室」とある）、「フィッシャーさん」のようにそこで「情事」に対応できたと考えられる。ゲインは昭和五十五年に再び日本を訪れていて、その際、大安組の秘書課長だった坂梨健雄ら安藤の関係者から話を聞いている。そして、『新ニッポン日記』に、「アメリカの憲兵隊の記録に載っているような、十八の売春宿をもつチェーン組織の所有者ではなく」と『ニッポン日記』の記述を訂正している。

このような大安クラブの話は米軍に広がっていたようで、ここを無料の慰安所のように思う者もいて、トクによれば、黒人の兵隊がやってきて「女を出せ」と騒いだこともあったという。

ちなみに、この頃、米軍兵士の「性のはけ口」の対策として、国家公認の売春施設があった。その担い手が昭和二十年八月二十六日にできた特殊慰安施設協会である。「一般の婦女子を守るための防波堤」として慰安婦を公募して、米軍の将校や兵士の相手をさせたのだ。協会の声明には「新日本女性に告ぐ。戦後処理の国家的緊急施設の一端として進駐軍慰安の大事業に参加する新日本女性の率先協力を求む」とあり、多くの女性が集められた。

ただ、これは翌年の一月にGHQによって解散を命じられた。前出の神田文人『昭和の歴史第8巻　占領と民主主義』によれば、表向きの理由は「日本の公娼存続はデモクラシーの理想に違背する」というものだったが、実際は米軍内に性病が広がったためだという。

大安クラブは、このような単なる慰安所ではなく、天皇制護持のための情報収集や活動に利するものとして、高級将校の慰安所のような役割を果たしたのだが、「性のはけ口」を提供したという点では変わりないといえる。

マーク・ゲインが見た大安クラブ

マーク・ゲインは昭和二十一年六月八日に大安クラブを訪れ、その様子を書いている（同年五月にGHQ連合国人の立ち入りを禁止され、「分とんぼ」と名を改めていた）。

「中へ入ると小砂利を敷きつめた前庭はきれいに掃除が行き届き、女たちが玄関で待ち構えていた。（中略）女中たちが部屋を出入りし始めたが、どの女も安藤から贈られたダイヤモンドの指輪をはめていた。女中たちは菓子とグッケンハイマーのウィスキーを運んできた。これはこの国では一財産を意味する」（『ニッポン日記』）

ゲインに安藤が言う。

「アメリカからの友人はみんないつもここへご案内するんですよ。総司令部だけでも二百人から三百人の友人がいます」

そして、「ある将官、ある判事、二、三の有名な将校、二、三の特派員、連合国使節団の一、二の人」の名前を挙げた。

女たちが料理を運びはじめた。

「えびのフライはまるで口の中で溶けるようだった。犢《こうし》の焼肉、雛鳥の葡萄酒漬け、それからお好みの人には刺身、たこ、漬物などの日本料理……」

安藤は料理を前にしたゲインに言う。

「私は自給自足でしてね。このテーブルの上のものはみんな私のものなんです。魚は私の漁船がとってきたのだし、肉は私の牧場の牛の肉です。米も私の田圃でできたもので、運送は私のトラックがやります」

ゲインは「安藤が六週間で宴会費四百万円をつかったという公式報告をようやく理解しかけてきた」。

この大安クラブには、連合国人の立ち入りが禁止されるまで、ケネス・ダイク大佐（のちに准将）、コートニー・ホイットニー民政局長、フェラーズ准将、L・E・バンカー准将（マッカーサー秘書長）、チャールズ・L・ケージス大佐らが来ていた。

「私たちは、彼らからGHQ内部で天皇の処遇についてどのような意見があり、どう動こうとしているのかという情報を引き出し、それに応じて手をうっていった。同時に安藤は、やってくる将校連に『もし君たちが天皇制に手をつけるならば、日本国民はかならず決起する。君たちの命もあぶないぞ』と、それとなく〝おどし〟をかけた」（「天皇制護持への奔走」）と増田は振り返る。

ところで、栗島の話にあるように、ここにはGHQの高官だけでなく、「偉い政治家」も来ていた。

「松前重義さんとは一番ふかい交際で、あの方は一時大安クラブに泊りこんで、そこから役所にかよったものです」とは安藤の弟、三郎の話である（中山正男著『にっぽん秘録』）。

中山正男によれば、日本人では石橋湛山、大野伴睦なども訪れたという。また、共産党の徳田球一も来た。戦前から政治犯として獄中にあった徳田は昭和二十年十月に釈放されている。その直後のことのようだ。中山はその時の様子を大安組の渉外部長だった男から聞いた（『にっぽん秘録』）。徳田は安藤に援助を求めてきた。共産党嫌いの安藤は躊躇したが、「あなたは思想家ではなくて、事業家のはずだ。だから共産党にも金をだしておいた方がよいのではないか」と、その部長に言われて大安クラブで会った。

徳田は安藤が出した豪華な料理に箸をつけない。徳田はこのような席では握り飯以外食べなかったらしい。そんなことは知らない安藤は「ぼくの料理には毒は入っていないぞ」と激怒した。

結局、喧嘩別れとなったそうである。

クリスマスの大安クラブ

昭和二十年十二月のクリスマスの当日、安藤の様子がいつもと違うと、長男の眞吾は感じた。安藤に緊張感が漂っていたのだ。眞吾は、安藤が妻（正子）と子どもたち（眞吾、龍夫、春彦、亜紀子、佳津子）を前に次のように話したと回想している。

「今日お父さんは、アメリカのお客さんの前で、大芝居をみせるのだ。天皇様をお護りするためには、お父さんも役者にならなくてはいけない。皆も成功するように祈ってくれ」

安藤はこの時、白装束を身にまとい、紋付き袴で正装し、備前清光の短刀をしのばせたという（『昭和天皇を守った男　安藤明伝』）。

この日はGHQの将校たち七、八十人が大安クラブに集まった。「クリスマスの当日に最も必要な人たちを集めてやろう」と言って集めたのはフィッシャーだった。その中には、天皇制護持の必要性をこの席で説いてみろと協力を惜しまなかったマイケル・ベルゲル大佐もいた。ベルゲルは長く日本にいて、日本語が達者だった。

安藤はパーティーに入る前にベルゲルの通訳で将校たちの前で熱弁を振るった。

「敗戦の混乱の中にあるこの国内情勢において、また一つは共産党の攻勢に巻込まれておるこの

大安クラブ・クリスマスパーティ（安藤眞吾著『昭和天皇を守った男　安藤明伝』より）

思想戦の真ただ中において、敗戦の惨状に加えるのに、もし天皇制を廃止したならば、かく言う私たちも好む好まぬにかかわらず、全日本はあげてソビエットの協力者たらざるを得なくなる。たとえ後日天皇が下野することがあったにしても、現在の天皇が悪ければその後継者、つまり今の皇太子の教育をアメリカに委ねて、民主的なプリンスとして指導してもらいたい。また天皇制がいらぬということであれば、三年なり五年なりの間に適当な時期にまた妥当な手段方法もとられるのではないか。もし許されるならば、彼ら一族でなくても、兄弟数名の宮とともに、ぜひ天皇制護持を許してもらいたい。また一面においては進駐軍の進駐政策を完うする上においても、この天皇護持を許すということであれば、不必要な流血の惨事を起こさずに済むに違いない」（『回想録』）

安藤は、これが聞き入れられなければ、ここで腹を切るとまで言った。

これに対してフィッシャーは、重大な問題なのでボスも呼んでくると、民間情報教育局局長のダイクを呼び、安藤はダイクの前でも演説した。それから彼らは別室で話し合い、戻ってきたフィッシャーが安藤に言う。

「安藤、喜べよ、天皇及び天皇制の可否については、日本國民の總意によつて決すべきである、ということを、ボスがいつてくれた」（『覺え書』）

安藤は欣喜雀躍《きんきじゃくやく》した。それから宴会となった。

ただ、これはあくまでダイクの意見であり、これでことが決した（天皇制が守られた）というわけではないだろう。

ところで、安藤は演説の中で、もし天皇制を廃したら、日本はソ連と組むといっている。「覺え書」では「もし、天皇が戰犯第一號として逮捕されるならば、かく申す私も極左派になり、諸君と闘うであろう。そうすれば無血進駐が出來なくなる」と言ったと書く。

要は、脅しているわけだが、このような考えは、他の日本人にもあった。前述のように、袖井の『拝啓マッカーサー元帥様』には占領下の日本人がマッカーサーに宛てた手紙が紹介されているが、その一つに、天皇制または天皇に危害を加えることは、「大和民族八千万の全滅の後に始めて成功するだろう」という脅しの文言がある。

安藤、キーナン検事を殴る

このクリスマスパーティの時だろうか、安藤は、東京裁判（極東国際軍事裁判）の首席検事、ジョセフ・キーナン検事を殴った。

増田によれば、「この鬼検事。酒と金と女のくせの悪さはなかなかのものだった」。キーナンは何度も大安クラブに来ていて、「うぬぼれすぎていたから生命の危機を感じさせる必要があった」。「高慢な野郎」とも増田は言う。

安藤と増田は、機会があったらやっつけてやろうと話していた。そんな時、キーナンは安藤の前で、天皇制を否定する言葉を吐いた。怒った安藤と喧嘩になり、「安藤がポカリにおよんだ」（「天皇制護持への奔走」）。増田は安藤をおしとどめ、やっとの思いでその場をおさめた。安藤が殴ったので、一緒に来ていた連中は真っ青になった。

増田は次のように言う。

「人間の弱点を狙い、政治の弱点を狙う。命がけだよ。キーナンは殴られたことを口外できない。天皇制についてかれこれいうから、貴様の命はないぞといったわけだ」（同前）

ところで、安藤はこのクリスマスパーティの成果を「回想録」で、「天皇の存続すなわち天皇制の可否は日本国民の総意によって決すべしという結論を得たのである」と話す。

まるで大安クラブで天皇の処遇が決まったという言い様だが、ここで結論が出た内容の考えはすでにあった。十月十八日、米大統領トルーマンは、「天皇制の存廃を日本国民の国民投票によって決める案には賛成だ」としているし、マッカーサーは十一月二十六日、米内海相に「自分は天皇の地位について、これを変更するという考えは全然もっていない」と語っている。

一方で、「もし確証がある場合は、天皇を戦争犯罪人として審問することは不都合ではない」というGHQのカーペンター法務部長の声明もあり、大安クラブで物事が決まったわけではない。増田一悦は冷静に見ていた。「大安組が逆立ちしても、国体護持なぞできるものじゃない」と言い、「安藤は一役を果たして、天皇を助けたというようなことをいいだすようになってしまった」（大森実著『禁じられた政治』）とも言う。

ただ、次章で述べるように、安藤はこの後も天皇制護持のための活動を続けているのだが、松前重義が「彼は全財産を誰に頼まれることもなく終戦処理の混乱期の地下工作のために蕩尽してしまった」（『その後の二等兵』）というのは確かである。安藤は自らの利益のために「大安クラブ」での活動を行ったのではなかった。

［文責＝坂本俊夫］

第六章　進駐軍の対日政策

米戦艦ミズーリ号

連合国軍の先遣隊が厚木に到着し、マッカーサーを最高司令官とするGHQが横浜に設置されたのは昭和二十（一九四五）年八月二十八日である。マッカーサーの厚木到着はその二日後の三十日だ（第三章）。

そしてGHQが占領政策を推進するための第一歩として日本が降伏文書に正式調印したのは昭和二十年九月二日。東京湾の横須賀沖に碇泊《ていはく》したアメリカの戦艦ミズーリ号の甲板上だった。米海軍の旗艦であるこの船を調印の場所に決めたのは、太平洋戦争で多大な犠牲を払った海軍の感情を考慮したものだ。また米国大統領のトルーマンがミズーリ州出身であることも理由のひとつだろう。

四万五千トンの同艦が碇泊していたのは横須賀沖十八マイル（約二九キロメートル）の場所。三浦半島南端の城ヶ島と千葉の館山との間ぐらいのところで、横浜港からは三〇キロメートルは離れている。

しかし日本側が調印式前日までに調達できたのは小型蒸気船とモーターボートの二隻だけで、これでは全員をミズーリ号まで運び終わるのに二時間近くかかってしまう。全権団が敗戦国の悲哀をつくづく噛みしめていたところ、一日の夕方になって連合国軍から横浜港に係留中の米駆逐艦ランズダウンを乗艦に指定してきた。日本側はほっとした。

翌九月二日早朝、永田町の首相官邸には日本側全権団が顔を揃えていた。全権が外務大臣・重光葵《まもる》と参謀総長・梅津美治郎（陸軍大将）の二人。

随員は大本営陸軍部第一部長・宮崎周一（陸軍中将）、終戦連絡中央事務局長官・岡崎勝男、大本営海軍部第一部長・富岡定俊（海軍少将）、内閣情報局第三部長・加瀬俊一、大本営陸軍参謀・永井八津次（陸軍少将）、海軍省出仕・横山一郎（海軍少将）、終戦連絡中央事務局第三部長・太田三郎、大本営海軍参謀・柴勝男（海軍大佐）、大本営陸軍参謀・杉田一次（陸軍大佐）で、全権を含め計一一人である。

一行は乗用車四台に分乗し神奈川県庁に到着、少し休息を取ったあと横浜港に接岸している駆逐艦ランズダウンに乗りミズーリ号に向かった。右足が義足である重光葵はタラップの上り下りも大変そうだった。重光は一九三二年四月二十九日、中国・上海で抗日武装組織のメンバーのひとりである朝鮮の民族主義者・尹奉吉《ユンポンギル》の投げた爆弾によって右足を失っているのだ。この事件は「上海天長節爆弾事件」と呼ばれ、上海派遣軍司令官・白川義則ほか一人が死亡、重光が右足を失くし、第三艦隊司令長官・野村吉三郎も右目を失明している。

この年一月二十八日、日本による軍事制圧下の中国・上海で起きた第一次上海事変は、関東軍の引き起こした満州事変・満州国建国から列国の注意をそらすため仕組まれた日本の謀略事件で、日中両軍が上海租界で衝突する流血の事態になった。重光は欧米諸国の協力を得て外交による解決を目指して中国との停戦交渉に奔走、なんとか調印にこぎ着ける寸前、天長節（天皇誕生日）祝賀式に出席していた際に事件に遭った。犯人の尹奉吉は自爆に失敗、軍事裁判で死刑を宣告され、金沢で処刑された。安重根《アンジュングン》（伊藤博文を暗殺した朝鮮民族主義者）たちとともに韓国では抗日の義士とされる。重光の義肢はこの事件のあと天皇から下賜されたものだ。

話を降伏調印に戻すと、重光全権らがミズーリ号に乗船したすぐあと、連合国軍代表団もマッカーサーを筆頭に米駆逐艦ニコルズで沖合のミズーリ号に近づき、ランチ（小型艇）に乗り換えてミズーリ号に乗船した。東京湾には無数の連合国軍（米軍）の船舶が配置されて警戒に当たり、また上空には米軍艦載機一五〇〇機、爆撃機B-29四〇〇機もデモンストレーションを兼ねた警戒飛行を続けていた。

調印式は午前九時を二分ほど過ぎた頃に始まった。

まずマッカーサーが挨拶に立った。何人かの人がこのスピーチを書きとめているが、いずれも極端に省略しているので、ここではいちばん詳しい『毎日新聞』の記事を紹介する。

「主要交戦国の代表たるわれわれは、平和を回復すべき厳粛なる協定を締結するためこの場所に集まった。（中略）この厳粛なる式典を機会として、過去の流血と蛮行からよりよき世界……信頼と諒解との上に築かれる世界……人類の尊厳並びに人類の最も希求する願い、すなわち自由、寛容及び正義の実現のために捧げられた世界が打ち樹《た》てられることこそ、余の最大の望みであり、まさにこれこそ人類の望みである。日本帝国軍隊の降伏の決定さるべき条項並びに条件は、諸君の前にいま提示された降伏文書の中に含まれている。連合国の最高司令官としての資格をもって、余が代表する諸国の伝統のもとに正義と寛容をもって余の責任を果たし、一方降伏条件が完全急速かつ忠実に遵守《じゅんしゅ》されるようあらゆる必要な処置をとることこそ、余の固き意図であることをここに声明するものである。余はここに日本天皇陛下、日本政府並びに日本帝国大本営の代表に対して、降伏文書の所定の個所に調印することを求めるものである」（九月三日付）

二通の降伏文書

マッカーサーの演説が終わると、日本側の加瀬俊一随員が天皇の詔書をマッカーサーに手渡し、次いで重光葵全権が降伏文書に署名を行い、さらに梅津全権が署名した。連合国側はマッカーサーが連合国軍最高司令官として最初に署名、続いてアメリカ合衆国の代表としてC・W・ニミッツ元帥が署名、以下中華民国の徐永昌《シューヨンチャン》、イギリス連合のブルース・フレーザー、ソ連のクズマ・エヌ・デェレヴィヤンコ、オーストラリアのT・U・ブレーミー、カナダのL・コスグレー

ミズーリ号上で降伏文書に署名する重光葵外相

ヴ、フランスのジャック・ルクレルク、オランダのシェルフ・ヘルフリッヒ、ニュージーランドのS・M・イシットの順に署名した。

　降伏文書は戦勝国側が一通、敗戦国の日本が一通保有するので、二通目の署名が一回目と同じ順序で始まった。

　この時、日本側の随員、岡崎勝男が不思議な光景を見た。マッカーサーが各国の代表が署名する際、その都度出てきて署名の場所を指示しはじめたのだ。なんのためにそんなことをするのか、岡崎にはわからなかった。

　署名がすべて終了、マッカーサーの、

「これをもって平和は回復した。神よ、願わくばこれを維持せられんことを」という有名な結びの言葉で調印式は終わった。

日本側の保有すべき降伏文書を受け取ったのは岡崎だった。岡崎はすぐ文書を確認したところ、不思議な光景の理由がわかった。文書に記入ミスがあったのだ。

カナダ代表のコスグレーヴが署名の場所を間違えて次のフランス代表の欄に記入してしまい、そのためフランス代表、オランダ代表の署名は一つずつずれて、最後のニュージーランド代表の署名は押し出される格好で欄外になってしまっている。

そのため二通目の連合国側の署名の時、マッカーサーが出てきて正しい署名場所を指定、おかげで二通目は完璧なものになった。連合国側はもちろん完璧な署名の方の文書を持っていった。あとでわかったのだが、カナダ代表は「前祝い」と称して前夜から徹夜で飲み続け、へべれけだったのだ。

日本側は驚いた。岡崎はすぐ記入ミスの降伏文書を重光全権に見せ、「こうなっているが差支えないか」と確かめたところ、重光は「これは大変だ。このような不備な降伏文書では枢密院顧問会議でも問題になる。すぐに直してもらえ」と指示、岡崎はただちにマッカーサーのところに行ったが、マッカーサーはすでに式場を離れて下に降りてしまったという。岡崎はリチャード・サザランド参謀長をつかまえ

「これでは非常に困るから、もう一度マッカーサーほか各国代表を呼び戻して署名をし直して

もらいたい」と申し入れた。

するとサザランド参謀長は、

「もうマッカーサーも各国代表も下で祝杯をあげているから、呼ぶわけにはいかない。直したければ勝手に直したらいいじゃないか」と言う。

岡崎は、

「マッカーサー元帥がどうしてもだめなら、参謀長が訂正してくれ」と粘った。なにしろ永久に残る文書である。岡崎も必死だった。

サザランド参謀長は仕方なく間違っている場所の各国名を消して訂正し、訂正個所にはサザランドのイニシャルをつけた。これでようやく調印式が済んだのだ。

二通の降伏文書のうち、連合国が持ち帰った完璧なものはワシントンのアメリカ国立公文書館に、訂正だらけの方は東京の外交史料館に保管されている。

重大事件の勃発

調印式が済んでからは、さらに大変なことが起きた。日本の命運に関わることである。

重光全権以下は午前九時半頃にミズーリ号を離れ、再び米駆逐艦でいったん横浜に戻って県庁で小休止を取り、すぐ東京の首相官邸に向かったのだが、同日夕方六時過ぎ、岡崎が重大な報告を受け取った。終戦連絡横浜事務局長・鈴木九萬《ただかつ》公使からの連絡である。GHQとの折衝を担当する機関として終戦連絡中央事務局（長官は岡崎勝男）が置かれたのは八月二十六日。二日後の八月二十八日に連合国軍の先遣隊が厚木に到着するので急いで設置された機関だ。各地方には十四カ所に終戦連絡地方事務所が置かれ、横浜はそのひとつだ。GHQは先遣隊が到着したその八月二十六日、横浜に設置された。

鈴木は九月二日午後四時過ぎ、GHQのジョージ・マーシャル参謀次長（少将。政策担当）に呼び出され、総司令部に赴いた。マーシャルは占領軍による東京進駐を明らかにし、かつ三枚の布告文（ポスター）を示して「明日三日午前六時にこれを公表する」という。

一読して鈴木は驚愕した。いずれも「日本国民ニ告ク」で始まる（原文は「To the people of Japan」から始まる英文）三つの布告文は以下のようなものだった。

外務省訳を要約して紹介する。

第一布告　行政、司法、立法の三権を含む日本政府の機能は、今後マッカーサーの権力の下に行使される。軍事管理期間中は公用語を英語とする。

第二布告　降伏文書の条項及び最高司令官の発する一切の布告・命令に違反した者は、軍事裁判の判決により死刑またはその他の刑に処する。

第三布告　アメリカ軍事票をもって日本の法定通貨とする。

軍事票というのは軍用手票《ぐんようしゅひょう》のことで、軍票と略されることが多い。占領地などで軍隊が通貨の代わりに発行する手形のことである。第二次大戦時、日本軍も東南アジアの各占領地で多くの軍票を発行している。

マーシャルによるとすでに軍票は三億円分用意されており、三枚のポスターも各数万枚準備してあるとのことで、鈴木からの急便を受けた岡崎勝男は重光外相のもとへすっ飛んで行った。

報告を受けた重光も顔色を変えた。三枚の布告文の意味するところは①日本が英語を公用語とするアメリカ軍の直接統治を受け、日本政府がなくなってしまうこと②日本国民の裁判権もなくなり、アメリカ軍による軍事裁判ですべてが決定してしまうこと③さらに円貨も廃止され軍票になるということだからだ。これは日本の破壊にほかならない。

重光の要請ですぐさま臨時の閣僚会議が開かれた。長時間にわたる協議の末、午後十時半頃、待機していた岡崎が首相官邸に呼ばれた。東久邇宮総理以下、各閣僚が居並んでいる。その中から緒方竹虎が出てきて岡崎にこう言った。緒方は元朝日新聞主筆で、その後政界入りし、当時は東久邇宮内閣の書記官長（のち自由党総裁）だ。

「このような布告を出されれば日本政府は一日ももちこたえられない。だからこの布告は何としても取り止めてもらわないといけない。ついては、ご苦労だが、君、これから横浜に行ってマッカーサーと交渉し、この布告の取り止めを要求してきてもらいたい」

岡崎は「自分はとてもその任ではない」と断った。夜中に行っても面識のないマッカーサーに会えるとは思えないし、明日朝六時に貼り出すポスターを取り止めてもらうことは不可能だと思ったからだ。岡崎は「外務大臣に行ってもらいたい」と具申したが、重光はどうしても行くとは言わない。難しい仕事であることは間違いないし、また右足が義足なので、機敏には動けないという気持ちがあったのかもしれない。最後は東久邇宮総理が、

「岡崎、ご苦労だけれども、すぐ行ってもらいたい」と言うので、岡崎はまったく自信はなかったが、ただちに自動車を手配して横浜に向かった。

夜中にサザランド参謀長を捜す

途中、六郷川のところで米兵の歩哨がいたりして時間がかかり、連合国軍司令部のある横浜税関ビルに岡崎が着いたのはすでに夜中の十二時を回った頃だった。

むろんマッカーサーはおらず、いたのは当直の士官だけで、責任者も見つからない。こうなったらマニラ以来交渉のあるサザランド参謀長をつかまえるほかないと、宿舎のホテルニューグランドに走った。ホテルで宿帳を調べると三百何号室だかにサザランドが泊まっているらしい。

直接サザランドの部屋に行くと鍵はかかっておらず、手前の大きな応接間の奥にベッドルームがある。まだ暑い時期なので窓は開け放たれており、月の光で男が一人寝ているのがわかった。

部屋も立派だし、これがサザランドだろう。岡崎は中に入ってその人物を起こし、眠そうにしているのを無理に応接間に連れて来て「あの布告文はどうしても撤回してほしい」と訴えた。

するると男は怒り出し、

「お前はいったい誰に話をしているんだ」と言うので、よく見るとサザランドではなく見知らぬ人だった。

進駐直後だったので混乱し、部屋が替わったりして宿帳とは違っていたらしい。男は、「日本人のくせに、こんな真夜中に起こすとはけしからん。ピストルで撃たれても仕方ないぞ」と威《おど》す。岡崎は平謝りに謝り、実はこういうわけで来たのだと一生懸命に事情を説明した。

すると男は夜中にやって来た理由がわかったらしく、

「そうか、それは気の毒だ。俺が探してやる」と、それこそ他人の迷惑もかまわず、あちこちに電話してサザランド参謀長を捜しはじめた。

結局、サザランド参謀長は見つからなかったが、参謀次長のマーシャル少将がつかまった。この部屋にいた人物も相当の地位の人らしく、マーシャル少将に「用事があるから私の部屋まで来てくれ」と言い、実際、間もなくパジャマ姿のマーシャルがやってきた。鈴木九萬・終戦連絡横浜事務局長に問題の三枚の布告文を示した当人である。ここからは岡崎勝男自身の書いたものを引用する。

そこで私はマーシャル氏に、日本政府が誠意をもって連合軍に協力しようとしている事情を説明し、それにもかかわらずこのような布告を出されては東久邇宮内閣のみならずいかなる内閣も一日として維持することはできないことを、三十分以上も話した。するとマーシャル少将は意外にも「よくわかった」と言い、「それでは今からマッカーサーに了解を求めることはできないが、自分の一存で六時に布告を出すということは中止することにしよう」と言って、すぐに通信部長のクリストという少将を呼んでくれた。そうして私の前で、各地にいる進駐軍司令部に対して六時にこの布告を出すことは中止せよというラジオの命令を直ぐに発出するようにということを申し渡した。もっともマーシャル少将は「六時に出すということだけは自分の一存でとめるけれども、そのあとでマッカーサーが何というかわからない。だから六時以後のことは自分も責任を持たないし、また自分の手には負えない事である。とにかく君の来たのに免じて六時という時間だけ延ばすから、これで我慢しろ」ということであった。

私としては、むしろ、マーシャル少将がマッカーサーはもちろん、サザランド参謀長にも相談せずにやってくれた勇断に感謝するのみであった。（『戦後二十年の遍歴』）

マッカーサーに直談判

岡崎が東京に戻ってきたのはもう午前五時に近かった。宿舎の帝国ホテルに着くと、さすがに重光外相は起きて待っていた。岡崎の報告に重光は喜んだが、マッカーサーがすぐまた布告を出せという可能性があるから、これから二人でもう一度横浜に行ってマッカーサーに会って直接交渉しようと言う。重光と岡崎は大急ぎで朝食を済ませ、再び横浜に急いだ。へたにアポイントを取ろうとすると断られる恐れもあるので、登庁するマッカーサーをアポなしでつかまえようという作戦だ。GHQ司令部に着いたのが三日午前八時頃。

幸いなことに岡崎とマニラで会ったことのあるホイラー大佐が現れた。ホイラーはマッカーサーの副官である。岡崎は犬丸徹三・帝国ホテル社長の好意で酒好きのホイラーに同ホテル地下室にあったジョニー・ウオーカー（ウイスキー）二ダースを届けたことがあり、それ以来、岡崎には何かと便宜を図ってくれていた。

話を聞いたホイラーは「元帥が来たら真っ先に会わせるから待っているように」とのことで、間もなくマッカーサーと会うことができた。岡崎はマッカーサーに重光を紹介し、重光とマッカーサーの歴史的な会談が始まった。会談は午前十時半から十二時まで続いた。重光はこう主張した。

「日本政府はポツダム宣言受諾及び降伏文書に署名したことで生じる義務と責任を果たすため、皇族内閣を樹立してすべての準備に当たってきた。ポツダム宣言は明らかに日本政府の存在を前提としているし、国民もまた政府を信頼している。

しかるに今回の布告はこれに反し、日本政府を抜きにして直接国民に命令することになっており、とうてい容認出来ない。もしこれが公布されれば国民の政府に対する信頼はなくなり、行政上の大混乱に陥りかねない。また通貨の問題も相互の理解がなければ解決しない。いまこうした布告を出せばマッカーサー司令官の希望も日本政府の努力も水泡に帰すほかなく、どんな事態になるか、もはや予測すら不可能だ」

政府そのものがなくなったドイツに比べ、日本にはちゃんと政府が残って機能している。三つの布告文はそれを無視したもので、この結果どんなことが起きるか保証しかねると、懸命に食い下がったのである。

マッカーサーの反応は意外なものだった。ここからは重光の回想。

「総司令官は、理解と興味とをもってこれを聴取し、ついに軍政の施行を中止することを承諾し、その場において、直ちに必要の措置をとることをサザランド参謀長に命じ、参謀長はその場から電話をもって総司令官の命令伝達の措置をとった」

「かくの如くして、日本はドイツの場合と異なり、引き続き日本憲法によって成立し存在する日本政府を通じて、占領政策が実行されるようになり、総司令部は必要の指令を日本政府に発することとなった」（重光葵『昭和の動乱　下巻』中央公論社）

その背景には、日本人が予想以上に柔軟に占領を受け入れたことがある。玉砕や特攻など、戦争中の経験から連合国軍側は日本占領が困難なことを覚悟していたのだが、実際は鉄砲の弾ひとつ飛んでこなかった。これならあえて軍政を敷かなくとも、日本政府を通しての間接統治で十分だと考えたのだろう。

こうしてマッカーサーによる占領政策はその第一歩を踏み出した。

占領政策始まる

まず始まったのは全国各地への進駐である。最初は神奈川だった。

九月二日の降伏調印式直後から横浜港には米第八軍麾下《きか》の第一騎兵師団が上陸を開始、さらに翌三日にかけて第八軍の主力部隊も相次いで上陸し、横浜関内、鶴見、磯子、平塚、小田原、秦野など県下各地の軍事施設や工場に順次進駐した。

その三日後の九月六日からは東京への進駐を開始した。

八日には先遣隊として第一騎兵師団八千人が東京に入り、代々木練兵場（ワシントンハイツ。現・明治神宮外苑）と麻布第三連隊（現・国立新美術館、政策研究大学院大学）に駐屯した。総司令部が正式に横浜から東京（第一生命ビル）に移ったのは九月十七日で、横浜にはロバート・アイケルバーガー中将の第八軍司令部が残った。東京を中心とする東日本に進駐したのは米第八軍で、糸魚川（新潟）と小田原（神奈川）を結ぶ線以西の西日本には米第六軍（司令官はウォルター・クルーガー中将）が進駐した。ただし中国と四国には英連邦軍が進駐した。なお第六軍は年内（昭和二十年）に解散し第八軍に交代、英連邦軍もその後第八軍の指揮下に入った。つまりほぼ全国を米第八軍が占領したわけだ。

進駐スピードは早く、九月末にはほぼ内地進駐を完了している。十月六日には遅れていた北海道の進駐（旭川）も終わっている。最も遅かったのは愛媛県の松山市で、十月二十二日だった。

東京進駐を開始した二日後の九月十日、GHQは「言論及びプレスの自由に関する覚書」を発表、ここからメディアの検閲が開始される。そして翌日の九月十一日、いよいよ戦犯逮捕に移る。

この日、日本政府に連絡がないまま、いきなり米軍のMPが世田谷区用賀の東條英機邸に行き、東條を逮捕しようとした。東條はピストル自殺を図ったが失敗、人々の冷笑を買った。戦争指導の責任を取るなら法廷で堂々と陳述すればいいし、どうしても死ぬというなら確実に死ぬべきだというのが大方の国民の反応だった。翌十二日の日記に作家の高見順はこう書いている。

「期するところあって今まで自決しなかったのならば、何故忍び難きを忍んで連行されなかったのだろう。何故今になって慌てて取り乱して自殺したりするのだろう。そのくらいなら、御詔勅のあった日に自決すべきだ。生きていたくらいなら裁判に立って所信を述べるべきだ。醜態この上なし。しかも取り乱して失敗している。恥の上塗り」

日本政府はすぐさま抗議している。MPが直接逮捕するのは日本政府の間接統治を認めた九月三日のマッカーサーとの交渉に反するもので、以降は日本政府が責任を持って戦犯容疑者を引き渡す、というわけだ。GHQとの交渉には岡崎勝男（終戦連絡中央事務局長官）の指示で鈴木九萬（終戦連絡横浜事務局長）が当たった。

翌九月十二日に鈴木がGHQに出向き第一回目の戦犯リストを見て驚いた。「三九人」ということだったが三五人しかなく、しかも自決した中野正剛《せいごう》や現国務相内閣官房長官・緒方竹虎、元首相の広田弘毅《こうき》らがリストアップされている。広田弘毅らは戦犯には当たらないと鈴木が主張すると、この三人は削られて三二人になり、さらに元文部次官・菊池豊三郎ら二人も誤解とわかり、三〇人に減った。この第一回目の戦犯容疑者は日本政府の手で円満に連合国軍側に引き渡された。

さらに翌十三日には第二回目の戦犯容疑者リストが発表され、以後、十月から十一月にかけて戦犯問題がますますかまびすしくなる。その間、大きな動きがいくつかあった。

ひとつは東久邇宮稔彦内閣に代わって幣原喜重郎内閣が誕生した（十月九日）ことだ。きっかけになったのが十月四日にGHQが発表した民主化指令。正確には「政治的民事的及宗教的自由に対する制限の撤廃に関する覚書」である。①天皇や皇室、政府に関する自由討議の保障②治安維持法、思想犯保護観察法などの弾圧法令の撤廃③これらの法令によって逮捕・拘留されている者の釈放④内務省警保局、特高警察などの廃止⑤内務大臣、警保局長、警視総監、都道府県警察部長、特高警察課員たちの罷免——といった内容で、九月二十六日、保釈中の共産主義者を匿《かくま》い逃亡させたとして入獄中の哲学者・三木清が厳しい追及を受け獄死したことがGHQにショックを与えたからだとされる。

東久邇宮内閣の山崎巌内務大臣や岩田宙造法務大臣などは記者会見などでそれまで繰り返し「天皇制に反対する者は共産主義者だから治安維持法で逮捕する」と言っていたが、この民主化指令によって政治犯の釈放や共産党の合法化などが実現し、反対に山崎内務相がGHQから罷免要求された。このため東久邇宮内閣は総辞職せざるを得なくなった。

新たに首相になった幣原喜重郎は十月十一日、マッカーサーを訪問した。その際、口頭でマッカーサーから伝えられたのが「五大改革」だ。婦人に参政権を与えること、労働組合の奨励、自由主義的な学校教育、国民に恐怖を与える組織の撤廃、そして日本経済の民主主義化（独占的産業支配の是正＝財閥解体）である。いずれも日本の政治を大きく変えようとするものだ。

皇室を安堵させた「安藤文書」

こうしたGHQの対日政策、ことに戦犯追及について固唾を飲んで見守っていたのが皇室である。十一月十九日には荒木貞夫、南次郎、真崎甚三郎、本庄繁、小磯国昭といった陸軍大将のほか元外相・松岡洋右など一一人のA級戦犯容疑者に逮捕状が出され、さらに十二月二日には梨本宮守正、元首相・広田弘毅、同・平沼騏一郎《きいちろう》、それに児玉誉士夫ら五九人の逮捕状が出た。ことに大きな衝撃を与えたのが皇族である梨本宮守正の逮捕だった。皇族の逮捕は初めてだ。

梨本宮守正は二カ月前まで総理大臣だった東久邇宮稔彦の実兄（異母兄弟）で、当時七十一歳。一応肩書きは「元帥陸軍大将」だが、戦争にはほとんど関与していない。国民からも忘れられていた皇族だった。GHQとしては皇族でも戦犯指定は免れないという見せしめ、脅しだったのだろう。皇室は怯えた。天皇も逮捕されるのではないかと恐れたのだ。巣鴨拘置所に出頭する前日の夕方、夫の梨本宮とともに天皇に拝謁した梨本宮妃・梨本伊都子《いつこ》はこう書いている。

「このたび、戦争犯罪容疑者としてマッカーサー司令部より出頭を命じられましたので参りますが、私としては疑われることはなに一つありません。陛下の御名代と思って参ります」

宮様はゆっくりした口調で、堂々と胸を張って申し上げました。陛下には顔を曇らせ、弱々しくおっしゃいました。

「気の毒だね。年をとっているのに……。一日も早く帰られるようにとりはからうから、身体には充分気をつけて下さい」

毛布二枚を賜ったのです。

（梨本伊都子『三代の天皇と私』講談社）

このあと元首相・近衛文麿、元内相・木戸幸一といった天皇の側近たちにも逮捕状が出る。近衛は出頭期限の十二月十六日早朝に服毒自殺した。

こんな状況下、不安いっぱいの宮中を大いに安堵させたのが他ならぬ安藤明だった。

安藤は前述のようにフィッシャー大尉などを通してGHQに近づき、一方で高松宮を介して宮中にも食い込んでいたが、この年の大晦日、前に名前が出た須知要塞、大石三良とともに天皇側近の木下道雄を訪ね、きわめて重要なメモを渡した。木下は侍従次長で、軍人出身（海軍大将）で侍従長になったばかりの藤田尚徳より天皇の傍らにいる機会が多かった。

これが「安藤文書」と称されるケネス・ダイク准将（民間情報教育局局長）の言葉を聞き書きしたメモで、木下は翌元日、天皇が神格化否定の「人間宣言」を出したその日の日記に安藤文書の詳細を書いている。ダイク准将が一週間前のクリスマス・パーティーに大安クラブを訪れたことは既述（第五章）した通りだ。以下、木下道雄の『側近日誌』（前掲）から安藤文書の要点を紹介する。日記では「下記はDykeの意見を聞き書きしたもの」として次のようなダイクの意見が紹介されている。

まず皇室関係。

日本天皇の存続確立

天皇は実際政治から分離して存続せしむ

皇室の藩屏としての華族制度を撤廃

皇室財産中、不動産は一般国民のために解放する

次に政治。

政府は米国軍の代行機関たるべし

政府は少なくとも五年以上総選挙によることなく存続せしむ

貴族院は不要にして直ちに廃止

内務省や文部省など権勢を有する官吏の大粛正

そして財政。
インフレ防止を最緊急のこととする
新札（百円）を五十円に切り下げる案を実行する
特権階級と野合して不当利益を得た一切の商社の解散

この時点で、すでに象徴天皇制の青写真がＣＩＥ（ＧＨＱ民間情報教育局）の中で出来上がっていたのだ。さらに華族制度の廃止、皇室財産の解放など、のちに憲法に取り入れられたものばかりで、この「安藤文書」はきわめて重要なものだといっていい。

「この安藤文書が示唆するのは、天皇と側近が、ＧＨＱと直接つながるチャンネルを持っており、しかもその極秘ルートに安藤のような人物が利用されていたということだ。

このことが占領末期には、マッカーサーの占領方針に敵対するアメリカの保守勢力（ジャパンロビー）との結びつきを作り出し、昭和天皇が吉田首相を素通りして水面下の『天皇外交』を展開するきっかけになったのではないだろうか。近年諸家の研究によって明らかにされているように、昭和天皇とアメリカ要人との秘密のチャンネルから、憲法や安保体制をめぐる重大な決定がなされた。

そういう意味では、安藤は黒子ながら極めて重要なメッセンジャーの役割を果たしていたことになる。『戦後のフィクサー』と言うと児玉がまず頭に浮かぶが、敗戦直後に限り、安藤の活躍

はずば抜けている」（貴志謙介『戦後ゼロ年　東京ブラックホール』NHK出版）

最近よく耳にする「ジャパンハンドラー（日本を操る人たち）」の源流は、この辺りにあるのだろう。

一九四六年一月二十五日、マッカーサーはアイゼンハワー米大統領に宛てて『戦争犯罪者としてのヒロヒトの裁判』に関するマッカーサー元帥の意見」という長い電報を打っている。前年の十一月二十九日、米統合参謀本部がGHQに対し「天皇に戦争責任があるかどうか証拠を収集せよ」との指示を出していたが、それに対する返電だ。マッカーサーの電文の一部を紹介する。

「もしも天皇を戦犯として裁判にかけるべきというのであれば、実際の行動が開始される前に然るべき準備が完了されなければなりません。彼の告発は疑うべくもなく、大変な動揺を日本国民の間に引き起こすでしょうし、その反響は過大評価されすぎることはないでしょう。天皇はすべての日本人を統合するシンボル（象徴）です。彼を滅ぼすことは国を崩壊させることになります」（井出孫六『ルポルタージュ　戦後史　上巻』岩波書店）

マッカーサーに天皇の免責を強く進言したのは第五章で紹介したボナー・F・フェラーズ。第二次大戦時、彼はカイロ（エジプト）で大使館付武官を務めていたが、イギリスとの間で交わした暗号文がドイツ軍に解読されるという不祥事を起こし、いったんアメリカに帰国して今度はOSS（戦略情報局）のメンバーになった。陸軍士官学校時代に書いた『日本兵の心理』という論文が評価され、対日プロパガンダ要員として起用されたのだ。そして南太平洋戦線に投入されてマッカーサーの心理戦担当軍事秘書となり、ビラや拡声器で太平洋の島々にいた日本兵に降伏を呼びかけていた。日本の敗戦直後に副官としてマッカーサーと一緒に来日（昭和二十年八月三十日）したフェラーズは、東條英機など軍人や高級官僚と次々に面談、彼らの天皇観や精神構造を詳しく分析して天皇の戦争責任追及は「連合軍の進駐に支障を来すもので、適当ではない」との判断にいたった。円滑な占領政策遂行のためには天皇を免責した方がいい、というわけだ。そしてその旨をマッカーサーに進言したのは一九四五年の十月二日である。なお、前述のように「安藤文書」はケネス・ダイク准将の言葉をメモしたものだが、そのケネス・ダイクはボナー・フェラーズの部下だ。

かくて昭和天皇は昭和二十一年五月三日に東京・市ヶ谷で開廷した東京裁判（極東国際軍事裁判）で戦争責任を追及されることはなかった。天皇は東京裁判開廷前の昭和二十一年二月十九日、神奈川県を皮切りに全国巡幸を始めたが、これも「戦争責任を追及されることはない」という安堵感があったからこそだろう。

［文責＝山田邦紀］

第七章　占領下で庶民の不満爆発

食糧難で餓死者も多発

敗戦後、まず日本国民が直面したのは食糧難である。

理由はいくつかある。

まず敗戦で台湾、朝鮮といった植民地からの米の輸送が途絶えた。これまでは植民地の米に依存していた日本は一気に食糧難になったのだ。

さらに外地からの帰還、復員が急ピッチで進んだことも大きい。海外在留の軍人・軍属、それに一般日本人は敗戦時で約六六〇万人いたが、この人たちが次々に帰国、昭和二十一（一九四六）年末までにおよそ五百万人以上の引き揚げ者数を記録した。

かてて加えて敗戦の年は国内の米も空前の凶作だった。作家の野坂昭如はこう書いている。

「……そして敗戦。大日本帝国のもと、まがりなりにも機能していた配給制は混乱を極め、自分で食べる分は自分で探すほかなくなった。加えて、この昭和二十年の夏から秋は、日本列島を頻繁に台風が襲った。北寺方［大阪府守口市］から神戸に行く間、車窓から見える水田（当時は阪神間に水田がたくさんあった）では、稲が冠水倒伏して、藻のように水の中にゆらいでいた。この風景は悲しかった。早く水を引かせなければ、稲が腐ってしまう。男手がないので、できなかったのだろう。豊作の年で六千万石といわれた米の収穫量は、この年、その三分の二に落ち込んだ」（野坂昭如『「終戦日記」を読む』朝日新聞出版）

人間は増えたのに、反対に食糧は減ったのだ。食糧難は戦中より戦後の方がひどかったといわれる。

こうなると当然、餓死者も出てくる。昭和二十年十一月十八日の朝日新聞にはこんな記事が出ている。敗戦の三カ月後だ。見出しは「始ってゐる『死の行進』――餓死はすでに全国の街に」というもので、全国の主要都市における餓死・行路死（行き倒れ）者数を報告している。

同記事によれば、帝都・東京の上野駅では敗戦により浮浪者が急増、同駅で処理された浮浪者の餓死体は多い時は日に六人を数える。下谷区役所で扱ったものだけでも六十人を超えている。全体の数字は出ていないが、東京全域ではこの時点ですでに千人を超える餓死者が出ていると推定される。

一方、名古屋では敗戦以降、市役所が仮埋葬した餓死者は十一月十四日までに七十二人に上った。また大阪市では八月六〇人、九月六七人、十月六九人と増え続けている。大阪駅周辺だけでもすでに四二人を記録した。このほか京都で累計三百人、神戸で同一四八人、福岡で同百人、横浜でも一日平均三人の餓死者が出ているという。

政府の主食配給は成人一人たった二合一勺にすぎず、それも芋や芋のツル、大豆、澱粉、蕎麦を米の代用としていたので、カロリーは一日一人当たり一二〇〇キロカロリーにしかならなかった。最低必要カロリーは普通人で二四〇〇キロカロリーとされていたから、その半分だ。

配給所そのものも遅配・欠配が続き、食糧難に拍車をかけた。たとえば東京では昭和二十一年五月時点で最高十二日、平均でも五・一日の遅配。保存量はたった三・五日分にすぎなかった。最悪の北海道に至っては一カ月以上の遅配が一一四市町村、二カ月以上は三六町村に及び、「最高は広尾村（現・十勝支庁広尾郡広尾町）の一〇四日であった。しかも同年末の時点で、遅配分は打ち切られて欠配となり、子供の体位の低下も顕著にあらわれた」（神田文人著『昭和の歴史　第8巻　占領と民主主義』）

幣原喜重郎内閣の大蔵大臣・渋沢敬三（渋沢栄一の孫）はすでに昭和二十年十月、「現状のままなら来年度は餓死者が一千万人に達する」と驚くべき発言をしている。連合国側対し「このままでは大変なことになるから至急援助してほしい」と訴えたのだ。しかし戦勝国のフランスやイギリス、中国などの国民さえ飢えに苦しんでおり、またニュージーランドなど一部から強い反対があったため、旧敵国である日本への食糧援助はなかなか認められなかった。占領地の飢餓や疫病による不安を防止する米国の「ガリオア資金」（占領地域救済政府資金）が支出され、また同じく米国の日本向け援助物資である「ララ（ＬＡＲＡ）物資」が日本に届き始めたのは翌昭和二十一年七月以降である。LARAは在米日系人が中心となって結成された民間団体「Licensed Agencies for Relief in Asia＝アジア救援支援団体」の略称だ。ジョン・ダワーの名著『敗北を抱きしめて』（岩波書店）から一部を紹介する。

「この時代、日本経済の再建についてアメリカが放任政策を採用したことは、まったく当然のこととみられていた。日本人は、他国に多大の困難を強いたあげく敗北した敵であった。その日本人が辛酸をなめるのは、当然の懲罰と思われた。そもそもアメリカの同盟諸国が戦争の災害から復興しようと懸命に努力している最中に、日本の復興を支援するなどということは考えられなかった。しかし、現実にはこのことは、生産力の低下とインフレの昂進に冒された社会のただなかで、アメリカ流の『上から革命』が押し進められることを意味した。日本の政治家、官僚、企業家らは、賠償や『経済の民主化』など革命全体の成り行きが定まる一九四九年ごろまで、のろのろと時間かせぎをした。そして、たいていの日本人は、日々の生活の必需品を手に入れることで頭がいっぱいであった。食卓に食べ物を並べるだけでも、必死の仕事であった。空腹と物不足のせいで、人々が一日にできることは限られてしまった」

生きるために生まれた闇市

こうなると、国民はもはや政府や占領軍に頼っていては生きていけない。そんな状況下に生まれたのが闇市である。

敗戦から五日後の八月二十日、まだ爆撃の跡も生々しい東京・新宿駅前に「光は新宿より」のキャッチ・フレーズで葦簀《よしず》張りの「尾津マーケット」（新宿マーケット）が誕生した。露天の闇市を開設したのは先に名前の出てきた関東尾津組の尾津喜之助親分である（一二三ページ参照）。並べられた商品は日用雑貨がほとんどで、ご飯茶碗（一円二〇銭）、素焼き七輪（四円三〇銭）、下駄（二円八〇銭）、フライ鍋（一五円）、醬油樽（九円）、手桶（九円五〇銭）、ベークライト（合成樹脂）製の食器、皿、汁碗の三つ組（八円）など、すぐ必要な物ばかりだった。

尾津は敗戦二年前の昭和十八年頃から主要新聞に連日「商品なんでも買います。関東尾津組」という広告を出している。この時点ですでに敗戦を予見していたのだろう。お金に換えるために不要品を売りたいという人は多かった。また当時は食料品だけでなく衣料や日用品にいたるまですべて配給なので、「買いたい」という人もたくさんいたのである。

尾津マーケットができたあと、新宿にはさらに東口の武蔵野館（映画館）から南口にかけて約四百軒の和田マーケット、西口線路沿いに約千六百軒の民衆市場も出現した。和田マーケットを取り仕切ったのは飯島一家内山二代目和田組（和田薫組長）であり、民衆市場を取り仕切ったのは東京星野会初代分家安田組（安田朝信《あさのぶ》組長）で、尾津組をはじめいずれもテキ屋露天商の親分である。テキ屋（的屋）というのは縁日や盛り場などに露店を出したり見せ物を興行したりすることを生業とする人たちのこと。香具師《やし》と呼ばれることもある。

和田マーケットや民衆市場では日用雑貨品のほか、おでん、天ぷらなども売られていた。新宿に誕生したこうした闇市の露店はあっという間に東京中に広がった。初めはバラバラで統制が取れていなかったが、敗戦二カ月後の十月十六日には東京露店商同業組合が作られ、理事長には尾津喜之助が就任した。

翌昭和二十一年には露天商の数はさらに拡大、六万人にも達している。ジャーナリストの猪野健治がこう書いている。

「闇市は、東京では、主要国電の駅周辺に出現した。東京露天商同業組合本部の二十一年七末現在の調査によると、組合員総数は五万九六五五人で、その構成層はテキヤ一九・五%、素人露天商七九・八%、身体障害者〇・八%で、素人が圧倒的多数を占めている。素人の内訳は、失業者一九・九%、元商人、商店主などの商業者八・八%、元工場主、中小製造業などの工業者三・八%、復員軍人八・三%、軍人戦災遺家族一〇%、戦災者二六・一%、その他となっている。

あつかい商品は、食物関係が四〇・七%、日用雑貨三八・七%、家庭金属物関係四・二%、工具類一・八%、皮革関係一・五%、電気器具一・七%、その他一一・四%で、食料品がもっとも多い。商業者、工業者などの中小零細業者が露天商に転身したのは必然だった」（猪野健治編『東京闇市興亡史』ふたばらいふ新書）

昭和二十年、二十一年の卸売物価が年間三倍に上昇したもの凄いインフレ下、庶民の必要とする日用品や食糧を適正価格で供給する——本来は国家のやるべきことを尾津組たちテキ屋の親分たちがやったのだ。もし闇市がなければ飢え死にする人はさらに増えていただろう。庶民はもちろん、警察さえも尾津を応援したのはそのためだ。

もっとも、闇市に進出したのはテキ屋だけではない。いささか差別的な語感を持つ「第三国人」と呼ばれる強力なグループも参入してきた。第三国人というのは朝鮮人、中国人、それに台湾省民など、旧占領地域の人たちである。彼らのほとんどは炭坑や鉄鉱鉱山、軍需工場、土木工事などで働く労働力として強制連行されてきたのだが、日本の敗戦で過酷な労働からは解放されたものの、無一文に近い状態で街頭に放り出されてしまった。日本の敗戦直後、彼らは日本人以上に苦しい生活を強いられた。大半は帰国できたが、さまざまな理由で帰国できず、日本で生活するほかない人たちも多かった。

そこで彼らはお互い同士強く団結、大掛かりな組織を作って闇市に参入してきたのだ。大日本帝国に勝利した「解放人民」であるだけに、東京露天商同業組合理事長の尾津親分はもちろん、警察も彼らにはうかつに手が出せなかった。先ほど東京の闇市業者数が六万人と書いたが、これら「第三国人」の闇業者はこの統計には含まれていない。およそ二万人と推定される彼らは占領軍にも食い込み、横流しされた大量の食糧をべらぼうな値段で売り捌いた。そのため必然的に日本人のテキ屋や闇業者と競合、渋谷、新橋、上野などでは流血の抗争事件が多発した。渋谷における台湾省民と日本の暴力団との抗争では死者も出ている（昭和二十一年七月）。

こうして闇市が栄えたが、それに連れて闇市の値段も高騰した。警視庁が発表した昭和二十年十月時点での米一升（一・五キロ）の値段は、公定価格が五十三円であるのに対し闇市での値段は七十円。砂糖一貫目（三・七十五キロ）は公定価格三円七十九銭に対し闇値はなんと千円。とんでもない値上がりぶりだ。また昭和二十二年二月時点で七円だったビールは四月に二十円、八月に二十三円と、すさまじい勢いで価格は上昇の一途を辿った。

闇市を拒否して餓死した人も

しかしそれでも人は何かを食べないと生きていけない。飢えとの戦いに欠かすことができないのが闇市だった。当時学生だったジャーナリストの茶本繁正がこんなことを書いている。

「……そんななかで、闇市の食い物は欠くことのできないエネルギー源だった。私がよく通ったのは新宿東口のブラック・マーケットだが、迷路のように建て込んだバラックの屋台店に一歩ふみこむと、雑多な物を煮る匂いと火と人の熱気が充満していて、ほっとするような雰囲気があった。

店頭には皿に盛った南京豆、イカ、おでん、イモ等々……が、空きっ腹をかかえた眼を強烈に刺激した。一皿一〇円のふかし芋は、芋をハス切りにして大きくみせたものが何枚か盛ってあったが、どれも手に取ると刺身のように薄かった。食い物で圧巻だったのは、進駐軍の〝残飯シチュー〟である。大鍋に進駐軍キャンプから払い下げてもらった残飯をぶちこんで、どろどろに煮つめてある。そいつを柄杓《ひしゃく》でドンブリにごぼりと注いでくれる。口に入れるとかすかに形を残しているコンビーフや肉の切れっぱしが、舌の先にさわって、とろりととけた。いまならどうかわからないが、飢えた腹にはけっこう美味かった。

もっとも、一杯一〇円のこの〝残飯シチュー〟を食うには、人類がはじめてナマコを食ったほどの勇気が要った。見た目にはいかにも美味そうでも、残飯はやはり残飯でツーンと饐《す》えた臭気が鼻にぬけたし、ときにはラッキーストライクの空箱がドンブリのなかに浮ぶこともあった。ウソかホントかコンドームのゴムがハシの先にひっかかったという話もあった。それでも大勢の客がたかり、友人と当然のようにその店に首をつっこめるような時代だった。状況が残飯をして金に換えさせていたのである。鍋や飯ごうを持って、その〝残飯シチュー〟を買いにくる所帯持ちもいた」(『東京闇市興亡史』)

当時は素うどんでも一杯十円した。むろん、お金があれば高価なものでも食べられたが、東京では一杯十円の素うどんどころか五円の食品も買えない人が大半で、「鰯(イワシ)のフライ二銭也」の店は黒山の人だかりだったという。

こうした闇市を拒否することは、すなわち「死」を意味した。

昭和二十年十月十一日、旧制東京高等学校ドイツ語教授の亀尾英四郎が餓死した。東京高等学校は日本初の七年制高校で東京帝大への進学率八割という名門だ。「闇をする者は国賊だ」という政府の呼びかけを守り、亀尾教授は配給物と二坪の家庭菜園で採れる野菜だけで妻と子ども六人の家族を養っていたが、三日間で食べる野菜の配給が葱《ねぎ》二本だけ。教授は自分の分も子どもに食べさせていた結果、八月末病床に倒れ、この日、栄養失調で死亡した。

また昭和二十二年には東京地裁判事・山口良忠も栄養失調で餓死している。山口判事は闇買いなどの経済事犯を裁く立場で、食糧統制には反対していたものの、自らは法律を守って決して闇買いはせず、配給ものだけで一家（妻と二人の息子）を支えていた。子ども（六歳と三歳）に配給のほとんどを与え、夫婦は汁をすすっていたが、八月末、栄養失調から地裁の二階階段で倒れ、十月十一日に死去した。死の床で綴られた日記の一節には次のように記されている。

「食糧統制法は悪法だ。しかし法律としてある以上、国民は絶対にこれに服従せなければならない。自分はどれほど苦しくともヤミの買出なんかは絶対にやらない。従ってこれを犯す奴は断固として処断する。自分は平常ソクラテスが悪法だとは知りつつも、その法律のために潔く刑に服した精神に敬服している。今日法治国の国民には特にこの精神が必要だ。自分はソクラテスならねど食糧統制法の下喜んで餓死するつもりだ」（山形道文『われ判事の職にあり』文藝春秋）

なんとも痛ましいが、その一方、食糧難を背景にした凄惨な殺人事件も起きている。

一つは昭和二十一年三月十六日に起きた歌舞伎俳優・第十二代片岡仁左衛門一家五人惨殺事件。仁左衛門（六十五歳）は十五世市村羽左衛門の相手役として活躍したことで知られるが、この日、座付作者見習いのI（当時二十二歳）により妻、子ども、子守りの女性、女中とともに薪割りで殺された。子守りの女性（十二歳）は犯人の実の妹だ。Iは家の者から辛く当たられ、食事も家人が一日三食なのに対し一日二食で、うち一食はお粥だった。たまりかねてつまみ食いをすると夫人に叱られ、ついに不満が爆発、一家全員を殺したのである（無期懲役の判決）。

もうひとつは小平《おだいら》義雄事件。一九四五〜四六年にかけて起きた犯罪史に残る連続強姦殺人事件だ。

小平は食糧買い出し（米などの食糧を生産地に出かけて買うこと）に必死だった若い女性に「米や芋を安く売ってくれる農家があるので案内する」「就職を斡旋する」などと誘い出し、強姦の末、殺害した。殺人は七件（起訴は十件）。取り調べに対し小平は「終戦前後は何といっても食糧が女の心をいちばん動かしました。私はそれを利用したのです」と供述している。彼は昭和二十四年十月に死刑となった。

東京湾で発見された膨大な金塊

餓死者が続出するほど国民を苦しめた食糧難だが、実は敗戦直後でも米や大豆、砂糖の備蓄は十分にあった。国民生活を優に二年間ぐらいは支えられるだけの量である。しかしそれらの食糧の大半は敗戦後まもなくどこかに消えてしまった。いったい何が起きたのか。

その闇の部分の一端を示す事件が東京・板橋で明るみに出た。昭和二十一年一月二十日夜のことである。

現在の都営地下鉄（三田線）新板橋駅近くにあった元陸軍造兵廠（兵器や弾薬、車輛などの設計・製造・修理などを担当する工場・役所）の工員寮舎の半地下壕の倉庫から、一人の男が塩カマス（魚）二俵をオート三輪に積み込んでいるのを通りがかりの日本通運作業員が見つけた。工員寮舎は空襲で焼け、跡地に半地下壕が残っていたのだ。不審に思って声をかけると、オート三輪の男はあわてて走り去った。翌日、明るくなってから作業員が戻って半地下壕をのぞいてみると、中には大豆が山のように積まれているではないか。作業員の通報ですぐ生活擁護同盟のメンバーが駆けつけた。この団体は、元工場労働者たちが工場に保管されている物資の分配を目的に結成したもので、同日「隠匿物資摘発隊」を結成、集会を開いたばかりだった。日本通運の作業員はその集会に参加しての帰りに不審な男を見かけたのだ。

共産党本部食糧対策委員会からも岩田英一委員が急行、摘発隊とともに半地下壕の中を確認すると、大量の物資が見つかった。大豆は六〇キロ俵が七五〇俵、木炭四五六俵、自動車のタイヤ一四四本、ゴム靴カカト底一〇二〇個、米一五俵、その他皮革、ゴム板などもあった。

現場には続々と住民たちが集まってきた。その数およそ三千人。緊急集会が開かれ、「隠匿物資はわれわれで管理しよう。これから造兵廠に行こう！」ということになり、全員で造兵廠正門へ押しかけた。廠内の第一復員省残務整理部長（元陸軍少将）は自動車で逃げようとしたが阻止され、七時間におよぶ〝大衆団交〟で吊るし上げられ、ついに隠匿物資であることを認めて「物資は区民に分譲する」と約束せざるを得なかった。物資は住民たちに格安で〝人民配給〟された。

すると三日後の一月二十五日、警視庁が摘発隊員二人を元陸軍少将脅迫の容疑で拘引、これに抗議して摘発隊員らが警視庁にデモをかけ、一部が警視総監室にまでなだれ込んだ。この際、警備に当たった警視庁のMPがデモ隊に実弾三発の威嚇射撃をするという騒ぎになった。

結局、GHQが「非合法な行為で隠匿物資を勝手に人民に分配することは遵法精神に反するから反対である」との見解を発表、岩田英一と摘発隊二人が裁判にかけられ、岩田だけが有罪（懲役六カ月、執行猶予二年）となった。これが「板橋事件」である。岩田は後日、こう語っている。

「板橋事件は戦争直後にあった共産党とGHQの蜜月《みつげつ》時代に水がはいる象徴的な事件だった。解放軍だと幻想した連合軍は、実は占領軍であり、その勢力は米軍で、親分がマッカーサーなんだということを、警視庁内のMP発砲で、つくづく思い知った。民主主義を宣伝していたGHQは、その民主主義そのものの隠匿物資摘発、人民管理を弾圧して、はっきり取締り権力の側についたんだ」（大島幸夫『原色の戦後史　戦後を日本人はどう生きたか』講談社文庫）

板橋事件から三カ月後の昭和二十一年四月十九日、こんどは東京湾から大量の金塊が見つかり、国民を驚かせた。

発見のきっかけは後藤幸正（本名は幸太郎）という当時七十歳の実業家の告発。後藤は名の知れた実業家で、戦時中は軍部の御用商人として活動していた。一時は総理大臣候補となった宇垣一成《かずしげ》陸軍大将とも仲がよかった。軍部に隠然たる勢力を持っていた一種の〝政商〟といっていいだろう。

前月の三月二十三日、後藤は東京・丸の内にあったGHQ第三二軍調査部担当将校エドワード・ニールセン中尉の事務所を訪ねた。供は通訳の男だけ。後藤はニールセンにこう打ち明けた。

「東京湾の月島付近、旧日本陸軍の糧抹廠倉庫近くの海底に膨大な量の貴金属類が埋められています。旧日本軍部の隠し財産です」

糧抹廠《りょうまつしょう》というのは兵士や軍馬の食糧などを保管するところだ。もともと金塊はこの糧抹廠に保管されていたが、敗戦となり慌てて海中に沈めたらしい。

二週間後の四月六日、ニールセン中尉は部下と潜水夫を米軍の軍用車に乗せ、後藤の案内で月島に向かった。後藤の「この辺りです」という場所に潜水夫を潜らせると、やがて潜水夫のひとりが水面に浮上し「なにやらレンガのようなものがヘドロの中にたくさんあります」と叫んだ。ニールセン中尉もパンツ姿で水中に飛び込み、本当に貴金属なのか単なるレンガなのかを確かめるため、とりあえず一本だけ引き揚げた。レンガのようなものは重量四五キロの金塊（インゴット）だった。後藤の言ったことは本当だったのである。金塊は純度を確認するため専門家のいる日銀（日本銀行）に持ち込まれた。やはり本物の金塊だという。その後の引き揚げは米軍第一騎兵師団が責任をもって行うこととなった。事件は米国ほかの海外メディアも大きく報道したものだ。

しばらくしてニールセン中尉のもとに第一騎兵師団将校から引き揚げ結果の報告があった。それによると発見されたのは金インゴット一二六本、白金インゴット一五本、銀インゴット二二本だったという。その後、眼病でアメリカに帰国、入院していたニールセン中尉に、第一騎兵師団のネルソン少将から再度報告が届いた。昭和二十三年九月頃だ。

それによれば実際の財宝は金インゴットが約千本、白金インゴットが約二百本。本当なら数千億円から一兆円にもなろうかという財宝だ。

しかしこの財宝はやがて忽然と姿を消した。占領軍が接収したのか、日本政府の資金になったのか、一切がいまだに闇の中だ。日銀の地下に収められたはずの最初の金塊についても、日銀・日本政府は「そんな財宝が糧抹廠にあるわけがなく、東京湾から金インゴットが引き揚げられたことなど承知していない」と全否定している。この消えた財宝が伝説の「M資金」の原資になったともいわれる。「M」は、日銀地下室の調査に入ったことのあるGHQ経済科学局局長・ウィリアム・マーカット少将の頭文字だというのが定説だが、マッカーサーの頭文字だという説もある。この複雑怪奇な事件については、取材に八年を費やしたという安田雅企《まさき》著『追跡・M資金 東京湾金塊引揚げ事件』（三一書房）が詳しい。

泥棒は旧軍人や高級官僚

こうした隠匿物資についてはその後、国会でも大きく取り上げられるようになった。きっかけを作ったのは自由党代議士の世耕弘一である。世耕は昭和二十一年、第一次吉田茂内閣の内務政務次官に就任、政務次官というのは本来何もしないポストであるにもかかわらず、独自の調査法で情報収集を始めた。

彼はまず「隠匿物資の摘発について協力を求める紹介状」五〇通を発行、ついで経済安定本部隠退蔵物資処理委員会副委員長就任とともに「仮隠退蔵物資摘発指令書」一四三通を独断的に発行した。紹介状というのは「どこそこに隠匿物資がある。本状を持った者を摘発に向かわせるのでご協力を願いたい」というもので、指令書というのは世耕に情報をもたらした者に対し「物資が隠退蔵物だと確認されたら保管人を決めて委員会に報告せよ」という指令だ。法制化されなかった処理委員会にはもちろん摘発する権限はない。

この「紹介状」と「指令書」をめぐり、詐欺や横領、文書偽造、恐喝などの事件が相次いだ。世耕がブローカーや街の顔役など、かなりいかがわしい連中まで使って情報を集め、摘発を行わせたことも問題だった。また「指令書」のニセモノも大量に出回り、被害者が続出した。そこで東京地検は真相究明のため世耕代議士を取り調べる（昭和二十二年七月）事態になり、騒ぎが広がった。世耕は地検の取り調べ直後に開かれた自由党代議士会でも「隠退蔵物資は戦時中の公定価格で見積もっても優に五百億円を超える。現在これがヤミからヤミに流れているのは官憲の中にヤミ屋と結託している者があるからだ」と発言、さらに世間に衝撃が広がった。見過ごせなくなった国会は「隠退蔵物資等に関する特別委員会」を設置するに至る。これが現在の東京地検特捜部の前身である。

それにしても、なぜ旧日本軍の隠匿物資がそんなに多かったのか、事は昭和二十年八月十四日のポツダム宣言受諾が決まった日、すなわち天皇による終戦の詔勅（玉音放送）が出された前日まで遡《さかのぼ》る。鈴木貫太郎内閣は同日、「軍其ノ他ノ保有スル軍需用保有物資資材ノ緊急処分ノ件」を閣議決定したのだ。これは秘密指令三六三号と呼ばれるもので、国民には公開されなかった。閣議決定の内容は次のようなものだ。

「陸海軍ハ速《すみや》カニ国民生活安定ノ為メニ寄与シ民心ヲ把握シ以テ積極的ニ軍民離間《りかん》ノ間隙ヲ防止スル為メ軍保有資材及物資等ニ付隠密裡ニ処分方措置ス　尚ホ陸海軍以外ノ政府所管物資等ニ付テモ右ニ準ズ」

つまり連合国軍が上陸する前に処分してしまおうというわけだ。日本軍は本土決戦をやるつもりで大量の食糧や資材を準備していたのだが、広島、長崎への原爆投下、ソ連の参戦などでポツダム宣言受諾が決まったため、連合国軍に差し押さえられる前に軍需物資を放出しようとしたのだ。

「ただし、お裾分けに与かれるのは、軍人、御用商人、官僚など、地位と特権に恵まれたエリートや戦争指導者だけであって、本来の持ち主である国民へ返却することなど、初めから、彼らの脳裏にはない。この決定を受け、陸海軍は全国の部隊の司令官に対し、速やかに物資の放出を進める機密指令を発した」（貴志謙介『戦後ゼロ年　東京ブラックホール』）

同書によれば、米軍が東京に進駐する八月二十八日までのわずか二週間の間に、陸海軍が保有していた膨大な軍需物資のおよそ七〇％がどこかへ消えてしまったという。国民の知らない間に旧軍人や御用商人、高級官僚といった「泥棒」たちが持ち去ったのだ。

民衆が「赤旗」を掲げ皇居に乱入

十一年ぶりに復活した第十七回メーデー（昭和二十一年五月一日）には宮城前に約五十万人が参集したが、その十一日後の五月十二日、世田谷区下馬一丁目の新生活集団内広場で「米よこせ区民大会」が開かれた。参加者は千人を超えた。五月に入って米の配給が激減、東京都三五区全部の配給所で平均五・五日、世田谷はことに深刻で十一・五日の遅配となっていたからだ。みんな飢えていた。トラック二台を並べ、その荷台でしつらえた演壇では新生活集団の代表がこんな話をしている。

「私どもの戦災町会では、毎日一人、多いときは三人が栄養失調で死んでいます。きのうもオカユをいっぱい食べたいと、うわ言をいいながら、一人の子どもが死にました。みなさん、なんとかこの飢餓状態を私たちの手で突破しようではありませんか」

ここへ共産党の野坂参三代議士も現れて、「食糧問題解決のため人民政府を」、「これは天皇のところへ行くよりほかない。いまこそ直接、天皇のところへ行かねばならない」と演説した。

野坂が帰ったあと、東宝撮影所労組委員長が緊急動議を出した。

「俺たちがこんなに飢えているときに天皇は何を食っているんだ。ひとつ、俺たちの声を天皇に聞いてもらおうじゃないか。みんなで宮城に行こう！」

大会は遅配・欠配米の即時配給、戦災者・引き揚げ者への物資配給など一八項目を決議し、二手に分かれて抗議デモを開始した。一つは世田谷警察署から区内若林の食糧配給所へ、そしてもう一つは皇居へ向かったのだ。

皇居デモに加わったのは、おかみさん連中や子どもたちを含めて一〇三人。トラック二台に分乗して午後四時すぎ宮城の坂下門に着き、門前で当直主管の岩瀬圭一宮内省事務官や皇居警察官と「皇居内に入れろ」「いけません」と押し問答になった。結局デモ隊は「赤旗だけは持ち込んでは困ります」という岩瀬らの制止を振り切って皇居内に入る。赤旗が史上初めて宮城に入ったのだ。当直高等官室に入ったデモ隊は、ここで用意してきた天皇宛の「人民の声」なる声明を読み上げた。読み上げたのはデモの先頭に立った岩田英一。「板橋事件」で名前が出てきた人物で、戦後再建された共産党の〝突撃隊長〟だ。

「いまや国民は飢えている。神より人間になった天皇は、戦争のため、資本家、地主の利益のためには勅語を乱発するが、この人民の苦痛、大衆の苦痛と餓死状態に対しては、見て見ぬふりをし、豪遊している。天皇よ、人間であるならば、人民大衆の声を聞け。即時宮城内の隠匿米解放を。民主人民政府を。……天皇の回答を求む」

その上で今度は天皇との面会を求めたので、「いくらなんでもそれは」と再び押し問答に。結局デモ隊は宮内省の職員食堂を見せてもらうことになった。そこには一二〇人分の夕食用麦飯が三つのタライに盛られており、てっきり天皇陛下の残飯だと思い込んだデモ隊、ことに子供連れの主婦たちは「お役人さん、せめて子どもにだけでもこの残飯を食べさせてください」と、宮内省側が説明する間もなくタライに殺到、手づかみでご飯を子どもに与えた。

ここからは前掲・大島幸夫著『原色の戦後史』から引用する。

翌日に予定されていた皇族会十三人分の夕食献立表が、黒板に書かれてあった。

「お通しもの、平貝、胡瓜《きゅうり》、ノリ、酢のもの、おでん、鮪《まぐろ》刺身、焼物、から揚げ、御煮物、竹の子、フキ」

これを見て、二人のオカミさんが顔を見合わせた。

「配給ですかね、これ」

「もちろん、ヤミですよ」

「だって、天皇陛下がヤミをなさるはずありませんでしょう」

結局、一行は「人民の声」に対しての天皇の回答を十四日に受ける約束を岩瀬事務官から取りつけて引き揚げた。

約束の十四日、再び約二千人が宮城に押しかけたが天皇陛下の回答はなかった。そこでデモ隊は天皇の台所の公開、宮廷の保有食糧の放出、民主人民政府の樹立などを決議、さらに五月十九日に再度天皇の回答を求めることも決議した。

その五月十九日に宮城前広場で開かれたのが「飯米獲得人民大会」、いわゆる食糧メーデーである。参加者は二五万人にのぼった。大会は「民主戦線即時結成」を決議、また天皇への上奏文を可決した。上奏文の内容は次のようなものだ。

「わが日本の元首にして、統治権の総覧者たる天皇陛下の前に謹んで申し上げます。私たち勤労人民の大部分は、今日では三度のめしを満足に食べてはおりません。（中略）現在の政府はこの現状に対して適切な手段をとることなく、権力を持つ役人、富を握る資本家や地主たちは、食糧や物資を買いためて、自分たちだけの生活を守っているのであります。このような資本家、地主の利益代表者たる政府ならびに一切の日本の政治組織に対し、私たち人民は少しも信頼しておりません。（中略）人民の総意をお汲みとりの上、最高権力者たる陛下において、適切なご処置をお願い致します」

天皇の「第二の玉音放送」

日本の元首とか統治権の総覧者たる天皇陛下とか、天皇に対する認識がまるで戦前のようで、ポツダム宣言にも反するように感じるが、それでもこの食糧メーデーには思わぬ劇薬が仕込まれていた。大会後のデモで、有名な「プラカード事件」が起きたのがそれである。精密機械工場の従業員で共産党員でもある松島松太郎が書いたプラカードにこんな文字が躍っていたのだ。

詔書
国体はゴジされたぞ
朕はタラフク
食ってるぞ
ナンジ人民
飢えて死ね
ギョメイギョジ

プラカードの裏側にはこう書いてあった。
「働いても働いても、何故私たちは飢えているのか、天皇ヒロヒト答えよ」
松島松太郎は六月二十二日、不敬罪で起訴された。その後「不敬罪」は「名誉毀損」に変更され、十一月二日に東京地裁が懲役八カ月の判決を下した。松島はこれを不服として控訴、さらに上告して最高裁まで行き、昭和二十三年五月に免訴が確立した。

この食糧メーデーは政局にも大きな波紋を起こした。

当時は幣原喜重郎内閣だったが、四人の閣僚がGHQから公職追放を受けるなどして弱体化。四月十日の戦後初となる総選挙では自由党が第一党になったので、次の総理は自由党総裁の鳩山一郎になるところなのだが、自由党が辛勝（過半数に達せず）だったのを見て幣原内閣は進歩党や無所属議員らに働きかけて多数派工作を開始、引き続き政権担当の意志を表明した。居座りを図ったのだ。しかし多数派工作のメドが立たず、社会党が中心となって社会・自由・協同・共産四党による「倒閣国民運動」が提唱されたこともあって、結局四月二十二日に幣原内閣は総辞職した。

社会党の協力で自由党の鳩山内閣ができるはずだったが、こんどは肝心の鳩山一郎がGHQによって公職追放（「望ましからぬ人物の公職よりの追放」）になってしまった。そのため後継内閣をめぐって一カ月もスッタモンダした末に、五月十六日、ようやく吉田茂に組閣の大命が降った。

ところが組閣がいっこうに進まない。吉田は食糧難に対処するため農林大臣に東大教授・東畑精一を予定して説得していたのだが、東畑はウンといわない。それも当然で、食糧の絶対量が不足していたから、誰が農林大臣になっても食糧難を解消できる見込みはなかったのだ。そんな時に食糧メーデーが追い打ちをかけたため、吉田はほとんど組閣をあきらめた。

それを救ったのがマッカーサーで、五月二十日、「無規律な分子による物理的暴力はこれ以上許されない」という声明を発した。前日の食糧メーデーでも、坂下門の土手の松の木の陰では万一に備えて米軍が機関銃を据えたほどだった。マッカーサーの介入で吉田は立ち直り、農相に農政局長の和田博雄を起用して組閣を終えた。第一次吉田茂内閣の発足は五月二十二日。盛り上がった大衆運動も、マッカーサー声明以降、急速に沈静化した。

その二日後の五月二十四日、こんどは天皇がラジオで第二の玉音放送を行っている。食糧難に関して、正午および午後七時、同九時の三回にわたって次のような内容を放送したのだ。


祖国再建の第一歩は国民生活、とりわけ食生活の安定にある。戦争の前後を通じて、地方農民はあらゆる生産の障碍《しょうがい》とたたかい、困苦に堪え、食糧の増産と供出につとめ、その努力はまことにめざましいものがあったが、それにもかかわらず、主として都市における食糧事情は、いまだ例を見ないほど窮迫し、その状況はふかく心をいたましめるものがある。これに対して、政府として、直ちに適切な施策を行うべきことはいうまでもないのであるが、全国民においても、乏しきをわかち、苦しみをともにするの覚悟をあらたにし、同胞たがいに助けあって、この窮況をきりぬけなければならない。

戦争による諸種の痛手の回復しない国民に、これを求めるのは、まことに忍びないところであるが、これをきりぬけなければ、終戦以来全国民のつづけて来た一切の経営は空しくなり、平和な文化国家を再建して、世界の推運に寄与したいという我が国民の厳粛かつ神聖な念願の達成も、これを望むことができない。

この際にあたって、国民が家族国家のうるわしい伝統に生き、区々の利害をこえて、現在の難局にうちかち、祖国再建の道をふみ進むことを切望し、かつこれに期待する。

九カ月前の玉音放送（昭和二十年八月十五日）と違い、この日の放送は聞いた人も少なく、さっぱり国民の心に響かなかったようだ。白樺派の小説家・長与善郎は二十四日の日記にこう書いている。

「この日、天皇の食料危機に対する御放送があった。おいたはしい声だった。何となくあの世の人の声といふ非現世的人声だった。しかしこの深刻な食料危機を、あの御放送で人民をコブし、人心擾乱と悪化を緩和させうると考へてをられるとすれば、それはあまりに甘い認識で、最早やそんなお力は陛下にない事をもっと痛感して頂きたい。何としても第一に戦争責任を自らとられて、自発的に御退位なさる方が一番御自身と皇室の御得であり、又世界の日本に対する感情をよくする唯一の道である事を、側近者で云ふ者がなければならぬ」（『遅過ぎた日記　下巻』朝日新聞社）

［文責＝山田邦紀］

第八章　安藤明、GHQに逮捕される

高まる共産党の指導力

そんな天皇を護ろうと、この間も安藤明は大車輪の活動を続けた。

まず昭和二十一（一九四六）年四月十日の総選挙にあたっては、天皇を支持する代議士を大勢誕生させたいと思い、これという候補者に惜しみなく選挙資金を出した。一時は大安クラブが選挙対策本部の観を呈したという。

その動きが目立ちすぎたのか、総選挙から二日後の四月十二日、GHQの憲兵司令部は連合国人の大安クラブ立ち入りを禁止した（マーク・ゲイン著『ニッポン日記』）。しかし安藤はすぐさま大安クラブを元の待合の名前「分とんぼ」に改称して営業を再開した。おそらくこの頃からすでに安藤はGHQ内左派からマークされていたのだろう。

また前章で触れたように幣原喜重郎内閣が総辞職し、次に吉田茂内閣が誕生するまでちょうど一カ月間の政治空白があったのだが、その空白期間に安藤は松前重義を総理にしようとGHQに働きかけている。GHQのチャールズ・L・ケージス、コートニー・ホイットニーは真剣に安藤案（松前を総理に、安藤自身も内務大臣で警視総監を兼ねる）を検討したが、「三土忠造、松本烝治の反対運動で実現をみなかった」（中山正男著『にっぽん秘録』）という。

また五月一日の復活メーデー、同十二・十四日の米よこせデモなどが共産党主導で行われていると見て、安藤は同十九日の食糧デモに対し身体を張って阻止しようとした。共産党の台頭が我慢ならなかったのである。

安藤はGHQ諜報部の将校に対し「一万人の部下を動員しデモ隊を坂下門で止める。どうしても騒ぎが大きくなったら発砲して私ともども撃って構わない」と大見得をきり、そのハッタリにGHQも驚いたのか米軍（第八軍）を坂下門に配置したという（安藤明の長男・安藤眞吾著『昭和天皇を守った男　安藤明伝』）。

ちょうどその頃、というのは吉田茂内閣誕生直前の昭和二十一年五月初旬のことだが、安藤は日本映画社（日映）の岩崎昶と接触している。

岩崎は明治三十六（一九〇三）年生まれ。東京帝大独文科を卒業後、日本プロレタリア映画同盟（プロキノ）創立に参加し、昭和十三年に「唯物論研究会事件」で治安維持法違反にひっかかって二年間投獄された経験を持つ。戦争中はニュース映画会社四社（朝日、毎日、読売、それに共同通信の前身である同盟）を統合した国策映画会社「日映」に所属、この「日映」は戦後の昭和二十一年一月に株式会社「日本映画社」として再出発、岩崎はその日映の製作局長だった。左翼陣営きっての戦闘的映画人である岩崎は、のち山本薩夫監督の『真空地帯』（昭和二十七年）や今井正監督の『ここに泉あり』（昭和三十年）など優れた作品を数多く製作している。

その日映は安藤の依頼で大安組の短編宣伝映画を製作したことがある（第四章参照）。昭和二十一年四月二十七日、大安組は社員の慰労会を行ったのだが、その模様を中心に大安組がいかに素晴らしいかを短編映画にしたのだ。この短編映画には大安組が和気あいあいの家族主義であることが描かれ、また毎朝全員が整列して国旗掲揚と皇居遥拝式を行う様子も撮られていた。岩崎昶自身はこの映画製作には関わっていなかったが、撮影スタッフ（日映社員）が製作中に安藤明に手懐けられたというか安藤の気風《きっぷ》に魅せられたというか、すっかり安藤ファンになり、彼らを通して日映の窮状が安藤に伝わった。そこで映画産業に色気を持っていた安藤が日映側に融資を申し込んだのだ。もっとも、安藤にいわせると日映側から融資の要請があったということになっているのだが、ともあれその融資問題の話し合いのため岩崎と安藤が会ったのである。

映画産業への安藤の野心

日映では敗戦と同時に日映の旧四社の社員たちが次々と復員してきて、千二百人にまで社員数が膨れ上がってしまった。ニュース映画は二百人もいれば作れるのだが、適正人数の六倍もの社員を抱えてしまったのだ。岩崎昶は雑誌にこう書いている。

「……会社の経営は火の車だった。元来どこの国でもニュース映画は新聞社か大映画会社に付随してはじめてなりたつのが普通で、ニュース映画専門の会社はそもそも無理だった。そこへもってきて、日映は戦争中『大東亜共栄圏』のいたるところ、大陸から南方の島々にかけて支局や分局をもうけ、千人もの人員を擁していたのが、敗戦と同時にちっぽけな四つの島にとじこめられたのだから、社員五人の中四人は余計でどうしても整理しなければならなかった。そこへもってきてとめどないインフレである。どうソロバンをとっても物価の変動のテンポにおいてきぼりをくう。発足半歳にして日映もついに破産直前という状態においこまれた。そのとき私の前にあらわれたのが大安組であったのだ。しかも、救いの天使として、金を貸そうといって！」（文藝春秋臨時増刊『映画読本』昭和二十八年十月五日号）

二、三百万ぐらいの金なら貸すというので岩崎たち日映のメンバー約一〇人が西銀座の大安ビルディングに赴くと、安藤はソファーに寝そべったまま「誰だ、乞食みたいにゾロゾロ入ってきた奴らは！」と声をかけた。岩崎はこれでは対等にビジネスの話はできないと思い、「帰ろう」と皆を促してそのまま引き上げようとしたら、安藤は打って変わって穏当な物言いで話しはじめた。自分は映画事業に何の興味も持っていない。しかし聞くところによればわずか二百万や三百万の金に困っているというので、同情にたえぬから金を貸してやるつもりなのだと。

しかし岩崎は安藤にうさんくささを感じており、融資話は進展しなかった。日映側からは「日映の出資者として安藤を迎えるが、ただし資本と経営は分離すること。映画の製作にはいっさい口を出さないこと」との条件書が提示されたが、安藤は共産党とはどうしても肌が合わず、岩崎の態度も気に食わなかったので、日映への出資はペンディングになったのだ。その後岩崎は二度ほど「大安クラブ」こと「分とんぼ」に呼ばれた。しかし岩崎を手強いと見たのか、安藤は姿を見せず、応対したのは二度とも安藤の側近・増田一悦だった。インテリの増田は日映買収のことなどおくびにも出さず、ただ酒を酌んで別れるという腹芸を見せたという。

日映への融資問題が一頓挫している間、安藤は理研映画社にも出資しようとしている。同社の前身は理研コンツェルンの一部門として昭和十三年に設立された理研科学映画社。敗戦後、GHQによる財閥解体で理研から離れ、昭和二十一年に理研映画社として再出発した。しかし日映同様、理研映画社も組合のストライキなどで経営難に陥り、安藤に資金援助を求めてきた。一時は契約寸前まで行ったが、日本映画演劇労組から「反動分子の映画への侵入を排撃する」との横やりが入り、実現しなかった。

安藤と映画の関係については、マーク・ゲインの『ニッポン日記』に興味深い記述がある。一九四六年八月十九日の日記だ。

「日本の大蔵省の書類綴の中に、積極的な新聞記者の眼を待つ三通の手紙がある。この三通の手紙は総司令部のセントラル映画社（日本におけるアメリカ映画配給機関）の映画主任将校M・バーガーが例のごろつき安藤のために書いたものである。一九四六年五月二十七日付のこの三通の手紙は、日本の映画業者を含む世界中の映画業者を閉め出して、日本の映画市場の支配をかちえようというハリウッドの戦いを暗示するものである。

第一の手紙は、アメリカ映画を上映する新しい会社を設立するに必要な資金として二千万円を安藤に融資するよう、大蔵省に『要請』したものである。第二の手紙は、安藤が『数百の』映画館を建てるために必要だという五千トンのジュラルミンを彼に払い下げるよう、日本政府に『要請』したもので、第三の手紙はセントラル映画社は年間五十二週、つまり一年じゅうの上映に十分なフィルムを安藤に供給する用意がある旨を保証したものである。この三通の手紙は実に敬虔な辞句に溢れている。たとえば、『ミスター安藤の努力は、……アメリカの理想に対する……よりいっそうの深い理解をもたらすことを目的とするものであることをわれわれは深く信ずるものである』」

日映・岩崎昶への融資話、理研映画社の乗っ取り話も、この三通の手紙と密接に結びつくだろう。要するに安藤は映画産業に参入するという大きな野心を持っていたのだ。

GHQ、ついに安藤を逮捕

さて安藤と岩崎が会った約一カ月後の昭和二十一年六月十二日の午後、日映社員のひとりが岩崎のデスクに駆け込んできて、「大安組に手が入りました！」と注進に及んだ。岩崎はすぐ社を飛び出した。日映と大安組本社はともに西銀座にあり、わずか一ブロックしか離れていない。ほとんど目と鼻の先だ。岩崎が現場に近づくと、四階建ての大安ビルは白いヘルメットのMPに囲まれ、何台ものジープやトラックが物々しく動き回っていた。

「とうとうやったか。これで大安組の全貌が白日の下にさらされ、占領軍からも縄付きが出るだろう」と岩崎は考えた。

しかし彼の考えは間違っていた。占領軍を巻き込んだ一大贈収賄事件にはならなかったのだ。このことについては、岩崎昶の身に何が起きたのかも含め、あとで説明する。

安藤明はこの日、いったんビルに行ったが、「何がなしに気が進まぬままに、十時頃自宅に引き返してしまった」（『回想録』）。

実際は恐らくGHQの誰かから「今日逮捕される」という連絡が入り、社員の目の前で縄付きになるのを避けたかったので自宅に引き返したのだろう。

間もなく逮捕されるであろうことを、安藤は予期していた。

GHQが連合国人に対し大安クラブに立ち入ることを禁止したのは先に触れた通りだが、その一カ月後の五月、GHQは大安クラブに閉鎖命令を出している。「閉鎖命令の次は逮捕か」と思うのは当然だろう。

また大石三良から「近々逮捕されるぞ」とか「MPがお前を縛るといっているぞ」と聞かされてもいた。大石は第四章で書いたように、安藤に「天皇制護持」の思想を吹き込んだ男で、以前は岩村通世《みちよ》法相の秘書官をやっていた。岩村はもともと法務官僚で、第三次近衛文麿内閣・東條英機内閣で法相を勤めた。

安藤は敗戦後に知り合った日本バプテスト教会のグレセット師の仲介で大石らとともにGHQの牧師長に会見、牧師長の賛同を得てマッカーサー夫人を名誉会長にするつもりで「米日福祉協会」という社会事業団体を発足させたのは前述（第五章）の通り。昭和二十年の八月末のことで、この協会を天皇護持の足がかりにしようとしたのだ。大石は以後、司法保護事業に携わるようになり、のち福祉新聞社社長になっている。

安藤の逮捕を指示したのはCIC（GHQの民間諜報課）のR・S・ブラットン大佐。安藤はその大石から「逮捕近し」を知らされていたのだ。

CICは主として日系二世からなる。

「語学力と皮膚、顔貌の類似性を生かして、日本人からすべての領域にわたって徹底的に情報を収集した。それのみでなく、政治犯釈放、戦犯の逮捕にも大いに活躍した。また超国家主義者・右翼の動向はもちろん、共産主義者、組合指導者、在日朝鮮人、進歩的文化人などの思想調査に威力を発揮した」（竹前栄治著『GHQ』岩波新書）

安藤は田村町にあったCICの一室に入れられた。取り調べは深夜から始まり、金銭や宝石、刀剣などをGHQの誰に贈ったのかを聞かれたが、安藤は頑として答えなかった。

翌朝、安藤はジープで中野刑務所に送られた。ジープには大安組総務部長・増田一悦も乗っていた。増田は大安組の事務所で逮捕されたのだ。刑務所に着いてから二人は別々の独房に入れられた。

地下の取調室で尋問が開始された。ここでは強い光を顔に当てたり、火で焼いた楊枝を爪の間に突き刺すというような米国式拷問もあったが、安藤は自白しなかった。やがて安藤は小菅刑務所に移された。軍事裁判に付されるためだ。

七月六日の朝、安藤はMPがピストルと小銃で護衛するジープに乗せられて品川警察署で降ろされた。ここには臨時の米軍軍事裁判所がある。法廷は狭く、粗末だった。判決言い渡しまでの数時間、安藤は気が気ではなかったが、やがて判決が出た。「指令違反につき、禁錮六カ月、罰金三千三百ドルを申し渡す」という内容だ。最も軽い刑である。判決を報じた七月十日付『読売新聞』の記事はこうだ。

「渉外局発表によれば六月十二日米国憲兵隊の手で検挙された大安組社長安藤明は一九四五年十二月二十五日付の総司令部命令違反の罪により去る六日東京憲兵隊裁判所に告訴され罰金五千円、懲役六カ月の刑に付された。

事件は去月十二日安藤の所有する事務所、私宅ならびにクラブなど一斉捜索がなされたもので、安藤は事前に憲兵隊司令部の命令により同クラブの閉鎖を命ぜられていたにもかかわらず、名前を変えて営業し、手入れの結果大量の闇商品の隠匿が発見された。米軍将校が関係しているとのうわさもあったが、調査の結果その証拠は発見されなかった。隠匿物資は煙草二十三個、葉巻七箱、石鹼十八個、ひげそりクリーム四個、チウインガム一箱その他であった。

総司令部当局では多数の諸人の尋問調査を行ったが、連合国人の若干が安藤の経営する三流どころのナイトクラブに出入りし、ときには安藤はこれらの客にたいし日本人形とか小間物類を贈り、その返礼として前記煙草その他のものを時折受け取っていたという事実以外に証拠は発見されていない」

GHQのフレイン・ベーカー准将も、わざわざ「安藤と不正取引のあった軍関係者は一人も発見できなかった」と発表している。大贈収賄事件どころか、なんともチャチな事件に矮小化されてしまったのだ。

GHQ内の暗闘

それにしても、あれだけGHQに深く食い込んでいた安藤はなぜ逮捕されたのか。また逮捕はされたものの微罪で済んだのはなぜなのか。

安藤明逮捕の理由は主に二つある。

最初は読売新聞争議との関連だ。

敗戦後、GHQは治安維持法などの弾圧法規を廃止するとともに、組合運動を奨励するなど民主化政策を次々に打ち出した。その流れを背景に昭和二十年十月、読売新聞の従業員が労働組合を結成した。そして鈴木東民《とうみん》・組合委員長のもと、社長の正力松太郎ら幹部の戦争責任を追及、社長らの退陣と社内の民主化を要求した。

これを拒否した会社側に対し、組合は生産管理闘争に踏み切った。組合が紙面を作ることにしたのだ。なかなか争議は決着せず膠着状態に陥ったが、十二月、正力松太郎社長がGHQからA級戦犯として逮捕され、また翌年一月には公職追放命令も出たため正力社長は退陣、争議は組合の勝利に終わった。これが第一次読売争議である。

しかし労組委員長だった鈴木東民が編集局長に就任すると紙面が一気に急進化する。昭和二十一年五月三日付の東京裁判を扱った「市ヶ谷に〝法廷村〟出現」と題する記事が「東京裁判を侮辱するもの」だとしてGHQがプレスコード違反と判定、馬場恒吾新社長に編集首脳部の首切りを求めた。組合は激しく抵抗したが、社内には「刷新派」という争議反対派（第二組合）が誕生、社内はまっ二つに分裂した。刷新派は工務局に乱入、争議団を追い出してしまった。第一次争議の時のGHQ民間情報教育局（CIE）新聞課長はニューディーラー（ルーズベルト大統領のニューディール政策支持者）左派のロバート・バーコフだったが、急進的だとしてGHQを追われ、後継新聞課長には新聞弾圧で有名なダニエル・インボーデン少佐が就いていた。このこともあって、結局、労組側は敗退した。これが第二次読売争議だ。

この読売争議がどう安藤明に関係してくるのか。

実は日映の乗っ取りを画策していた同時期、安藤は読売新聞にも触手を伸ばしていた。狙いは政界進出だといわれる。岩崎昶がこんな興味深いことを書いている。少し長めに引用する。

安藤は、日映を乗っ取ろうとする一方では、読売新聞を買収しようと企てていた。読売新聞は当時の言論界民主化の最先端に立って、戦時中の戦犯的経営者や編集者を退陣させ、経営と編集の徹底的な民主化を行いつつあった。それは民主的な読者層の支持を集めたが、主として東京中心の地域に限られていたし、また一方では保守的な古い読者層を失い、ことにGHQのCIE新聞課――その課長は悪名高いダニエル・インボーデン少佐であったが――から公然たる干渉と弾圧を受けていた。大安組が日映に触手を動かしつつあったまさにその頃、読売労組は戦後第二次の大争議で対決していた。むろん財政的にも、日映と同じように逼迫《ひっぱく》していたに相違ない。これに乗じて、大安組はこちらにもひそかに働きかけていた。いまこの時の読売争議の公式の記録を読むと、どこにも大安組からの工作の企図は出て来ない。工作の手は組合には直接の形で及ばず、したがって争議そのものの動向にもほとんど影響はなかったわけであろう。私の握っていた――ゲインを通じてのものが多かったが――情報では、その頃政界のダークホースといわれた楢橋渡がその間にあって暗躍し、その上、GHQ内部で安藤ともっとも緊密でその庇護者であった渉外局長ベーカー准将が事実上の連絡者としてインボーデンと手をつないで、読売にむかって虎視眈々と機会を狙っていたということであった。あたかもこの頃であったが、安藤が吉田茂首相にたいして金百万円也の献金をしたことが正式記録に出ていることからも、彼の政界進出の野望ははっきりしているといってよかろう。(岩崎昶著『占領されたスクリーン　わが戦後史』)

引用文中、楢橋渡《ならはしわたる》は福岡県出身の昭和期の政治家。二十歳で弁護士になり、仏リヨン大学卒業後さらにソルボンヌ大学に学ぶ。昭和二十年、幣原喜重郎内閣誕生とともに内閣法制局長官になり、翌年には国務相兼内閣書記官長になった人物。

またフレイン・ベーカー准将は米国の陸軍軍人で、GHQでは渉外局長。マッカーサーの側近のひとりだ。

読売争議との関係

先に安藤明逮捕時の読売新聞の記事を紹介したが、同紙は安藤明について昭和二十一年六月九日付でも「〃好ましからぬ資本〃——理研、社長を追放」という記事を載せている。要旨は以下の通りだ。

解体を命じられた財閥資本の映画分野への侵入企図が話題になっている折柄、最近、読売新聞社の経営難につけ込んで乗っ取りを策した新興資本が、新聞の乗っ取りに失敗すると理研映画に働きかけ、理研を足がかりにして映画界への侵入を企てている。これは大安組と称する新興財閥で、組長は安藤明という男だ。安藤は先に日映の乗っ取りを策したが失敗し、経営難の理研映画に社長以下、反動勢力を送り込んだものだ。理研労組は臨時大会を開き、安藤組資本を〃好ましからざる資本〟として、安藤明氏の社長就任と同氏の資本投入に対する賛否を問うた。その結果、一五八名中不賛成は一三三で、安藤資本追放を決議した――。

同紙の求めに応じ、安藤はこうコメントしている。

「理研映画で来てくれというからそれでは行こうといって出かけたまでで、向こうで嫌だというならこちらも御免だ」

逮捕時を含め、大安組や安藤明について記事にしているのは読売新聞だけで、岩崎昶の書いたものを読むとその理由がわかってくる。第二次争議最中の読売新聞にとって、安藤は許せない侵略者なのだ。この記事が出た三日後に安藤は逮捕された。数カ月間にわたって捜査してきたCICは、GHQ上層部からの干渉を受け、やむなく軽犯罪で安藤を起訴、その後は事件からすっかり手を引いてしまった。安藤の饗応を受けたGHQの多くの将軍たちは、さぞかし胸を撫で下ろしたことだろう。

岩崎昶は昭和二十一年八月二十八日、世田谷の住宅街にあった自宅で暴漢二人に日本刀で襲われ、顔をざっくりと斬りつけられた。剣術の心得がある岩崎は辛うじて身をひねったため死なず、また眼も失わずにすんだ。犯人は不明だが、岩崎は安藤明（当時は刑務所）が黒幕だと睨んでいた。安藤がもうすぐ出所するので、それまでに理研労組の陰にいたと思われる岩崎を始末して親分に喜んでもらおうとした安藤の子分の仕業だろう、と見ていたのだ。

この刃傷事件と関連があると思われるのが岩崎昶製作、亀井文夫監督の四十分もの四巻のドキュメンタリー映画『日本の悲劇』（昭和二十一年）だ。

映画はまず「支那を征服せんと欲せば、まず満蒙を征服せざるべからず。世界を征服せんと欲せば、必ず、まず支那を征服せざるべからず」というナレーションで始まる。これは昭和三年、ときの首相・田中義一が天皇に上奏したとされる、いわゆる世界征服の第一歩を記した「田中メモランダム」で、日本ではニセ文書とされているが、亀井文夫はその「田中メモランダム」に注目して取り上げているのだ。

これを受け、画面は満州事変、上海事変、五・一五事件、二・二六事件など、日映が保持していたニュース映画の画像を積み重ねながら、中国侵略の過程を大胆に説明していく。天皇裕仁や東條英機など戦争を起こした者の記録映像が映し出され、対照的に戦争と軍国主義の犠牲になった国民の姿や特高警察の拷問で虐殺されたプロレタリア作家・小林多喜二など思想統制の犠牲者の姿も現れる。さらに南京大虐殺や「バターン死の行進」などの映像、音響なども流れる。そして戦後の闇市の様子も映し出され、最後は神格を否定し「人間宣言」を行ったばかりの天皇が、大元帥服から平服姿へと徐々にオーバーラップする姿が……。

「十五年にわたる日本の侵略戦争をたどりながら『日本の悲劇』はこうして、映画作家の反戦思想を正面から強烈に、ときには風刺精神をもって視覚、聴覚に訴える。日本のアジアに対する侵略戦争の背後にある資本主義的搾取経済制度の要因をマルクス主義の歴史分析が強調する。現在聴くと、ときにそのナレーションはあまりに直截的で上ずった調子のものであるが、戦争の悪の根源を突き止めようとする作家の、燃えたぎるような情熱と高揚した精神が観客に伝わり、作家の論議に耳を傾けようと思わせるのみならず、こうした映画を作ることの意義に賛同する観客が当時少なくなかったであろうと思わせる作品である」（平野共余子著『天皇と接吻　アメリカ占領下の日本映画検閲』草思社）

吉田茂が激怒

暗すぎるというので松竹、東宝の二大配給系列社が配給を拒否したため、日映の営業マンはフィルムを担いで地方を回った。栃木、群馬、埼玉といった北関東の都市で上映してくれるところがあり、観客の反応はものすごいものだった。岩崎はこれを見て、いよいよ東京公開に踏み切ろうとした時、思わぬ事態が起きた。映画好きの吉田茂首相がこの映画を観てしまったのだ。

大森実の前掲書『禁じられた政治』によれば、この映画のことを吉田茂首相にご注進に及んだのは終戦連絡中央事務局次長の白洲次郎。さっそく首相官邸地下にある設備を使って試写会が行われ、映画を見た吉田茂は激怒した。昭和二十一年八月二日のことである。GHQ情報局長チャールズ・ウィロビー少将にも見せようということになりGHQに電話すると、ウィロビーは大佐一人と中佐二人を寄越した。大森実は同書で吉田茂首相秘書官・福田篤泰の回想を紹介しているので引用する。

『ウィロビーの幕僚たちに、いいものを見せてやると呼んで、見せたわけです。天皇陛下がフェードインするんですね。これはもう明らかに天皇制打倒映画でした。ＧＨＱが監督しているはずだのに、ひどい、ということになりましてね。幕僚はさっそく、ウィロビーに報告しました。そうしますと、二十四時間以内に、この映画を監督、製作したやつを全部調べろという命令がでました。調べていくうちにコンデが出てきたわけです。コンデをアメリカに追い返して、裁判にかけるといっていましたが』」

福田篤泰の回想を紹介したあと、大森実はこう書いている。

「日本映画界の民主化の草分けで、チャンバラ映画禁止の元締めとして有名だったＧＨＱ映画課長のデヴィッド・コンデ大佐が追放処分を受けたのは、この試写会直後であった。いうまでもなく、折から、ようやく猛威を振るいはじめていたウィロビーの〝赤狩り旋風〟の標的にされたわけだが、コンデは帰国せず、英国のロイター通信社と契約を結び、ロイター特派員となって東京に踏み止まった」（『禁じられた政治』）

大森実は、岩崎昶が暴漢に襲われた事件の裏側にはこのＧＨＱ内での対立問題があったのだろうという。

「それは、安藤明の逮捕事件の裏側に、ＧＨＱで発生しつつあった左右両派の激しい対立の渦が感じとれるからにほかならない。〝日本の悲劇〟も、デヴィッド・コンデも、岩崎昶も、安藤明もろとも、この渦の中に放りこまれたのであった」（同前）

安藤明逮捕のもうひとつの理由は、大森実が指摘したこのGHQ内の対立の顕在化だ。具体的には民政局（GS）対参謀第二部（G2）の有名な暗闘である。それぞれのボスであるコートニー・ホイットニー少将とチャールズ・ウィロビー少将の対立と見た方がわかりやすいかもしれない。

両者の対立はフィリピンでの日本軍との戦闘時からすでに芽生えていた。太平洋戦争が始まると日本軍はマッカーサーの指揮する米比連合軍をバターン半島に追い詰め、マッカーサーは家族や一八人の軍人たちと一緒に魚雷艇でコレヒドール（フィリピンにある要塞の島）からオーストラリアに脱出した。この脱出組が「バターンボーイズ」とか「バターン派」などと呼ばれ、中でもマッカーサーの側近中の側近がウィロビーだった。

ところがマッカーサーは一九四三年、以前フィリピン・マニラで知り合ったホイットニーをアメリカから呼び寄せて陸軍航空隊の将校として幕僚に加えた。ホイットニーは元々陸軍将校だったが、マッカーサーと知り合った頃はマニラで弁護士をやっていた。ものすごく頭の切れる弁護士だったといわれる。有名な米国のジャーナリスト、ジョン・ガンサーはこう述べている。

「一九四三年にマッカーサーはかれをオーストラリアに呼び寄せ、それ以来二人は影の形にそうごとく、常に一緒に行動してきた。一九四三年以後、日本軍にたいするフィリピン人のレジスタンス運動を組織、指導したのはかれであり、また戦争が終わったとき、アメリカ軍からフィリピン政府への統治権の委譲を監督したのもかれである。総司令官はかれが大好きである。（中略）元帥がかれを好けば好くほど、東京にいる多くの人々はかれをきらう。だが、その理由は大部分、かれが寵臣的地位をほしいままにしていることにたいする憤り、ならびにかれの万能的権力にたいする嫉妬である」（ジョン・ガンサー著『マッカーサーの謎』時事通信社）

側近間の対立を生む原因のひとつがこの嫉妬であり、「一番有名な内輪喧嘩がウィロビーとホイットニーとの対立である」とガンサーはいう。

ウィロビー対ホイットニー

そのウィロビーはドイツのハイデルブルク生まれ。母はアメリカ人で父親はドイツの貴族だ。ウィロビーは一九一〇年にアメリカに帰化し、母方の姓を名乗るようになった。もともとの名前はフォン・ツェッペ・ウント・ワイデンバッハである。ウィロビーは最下級の一兵卒から身を起こし、少将にまで出世した。ホイットニーより五歳年上で、身長一九〇センチを超す巨漢だ。ジョン・ガンサーはこう書いている。

「かれの身辺にはまだ依然として、昔の中部欧州のにおいがただよい——世故にたけ、陽気で賢くて剛腹、かつ、ある種の驚くべき狭量な考えをもっている。かれが世界中で少しでもその意見を重んずる人といえばマッカーサーぐらいなものだろう。総司令官はかれの奇矯なふるまいをときとして迷惑に思うようだが、しかし軍人としてのかれには完全な信頼をよせている。ウィロビーは一九四一年に総司令部の諜報部長となり、それ以来ずっと、この地位にとどまった。マッカーサーは他の者にG＝2の仕事をやらせようとしなかったのである」（『マッカーサーの謎』）

両者の対立が表立って現れてきたのはマッカーサーが日本に進駐、ホイットニーを民政局長に据えてからだ。ホイットニーはチャールズ・L・ケージス（ケーディス）を民政局次長にし、課長をはじめスタッフの中心に米本土から若いリベラリストたちを集めた。次長のケージスはハーバード大学法科卒のニューディーラーで、日本国憲法の制定で大きな役割を果たした人物だ。

当然、ウィロビーは面白くない。

「要するにホイットニーは〝文化人〟で〝かしこい男〟だったのだ。だが、私の目にはどうも容共主義者に見えて仕方がなかった」（ウィロビー著『GHQ　知られざる諜報戦』山川出版社）

ホイットニーとウィロビーは、日本の警察組織改編問題やA級戦犯処刑問題、公職追放問題など、あちこちで衝突するようになる。日本を反共主義国家に仕立て上げたいウィロビーは、邪魔になる人間を葬るためにGSとマーカット少将のGHQ経済科学局（ESS）内ニューディーラーたちの身辺調査を開始した。そして「㊙総司令部への左翼主義者の浸透状況」という報告書をマッカーサー、参謀長、それにワシントンに送った。報告書の日付は一九四七年四月二十三日。ウィロビーにいわせればこれらの部局は「ニューディーラーの巣」だったからである。

激怒したホイットニーを尻目に、ウィロビーはこのあとさらに報告書第二弾「GHQ内の左翼職員について」を作っている（同年六月七日付）。これらの調査は〝赤狩り〟と称されたものだ。このあたりがGSとG2の対立のピークだったろう。

ケージスとマダム鳥尾

ケージスもこの〝赤狩り〟で追い落とされた。子爵・鳥尾敬光と結婚していた鳥尾多江、通称「マダム鳥尾」との恋愛が発覚してケージスは妻から離婚を迫られ、結局、退役せざるをえなくなった。彼は民主主義化の行き過ぎへの突き上げが厳しくなってきたワシントンを説得するためアメリカに出張していたのだが、不倫問題の発覚で日本に戻れなくなったのだ。ちなみに、ケージスが鳥尾多江と会うきっかけを作ったのは先に名前が出てきた楢橋渡夫妻だった（鳥尾多江『私の足音が聞える　マダム鳥尾の回想』文藝春秋）。ケージスはフランス語がうまく、フランス留学経験者の楢橋とは話が合った。GHQの幹部が日本人女性を愛人にした例は珍しくなかったが、やり玉にあがったのはケージスだけだった。狙い撃ちされたのである。鳥尾多江はこんなことを書いている。

「そのうちに私達に尾行がつくようになった。家の周りにうさん臭い、ヨレヨレの服（当時はまだ衣服の事情が悪く、普通の人はなかなかパリッとした服は着られなかった）を着た男の人が常に二、三人、物陰から私の行動を監視していた。私はそんな目にあったことはないので気がつかなかったが、ケーディスが気がついて教えてくれた。そして我々が出かけると必ず後から車がついて来た。今だったらさしずめフォーカスのカメラマンみたいだ。もっともケーディスの怒りにふれ、彼らは途中で断念してしまった。これもまともにケーディスと太刀打ち出来ない日本の官僚が、私と彼との交際をスキャンダルにして、彼を失墜させようとしたからだった」（同前）

ケージスとマダム鳥尾を見張っていたのはウィロビーの意を受けた日本の警察だった。

ウィロビーはこのスキャンダルを最大限に利用してホイットニーの右腕であるケージスを追放した。

なお、楢橋についてはGHQの民政局に勤務していたハリー・エマソン・ワイルズがこんなことを書いている。

「首相幣原喜重郎男爵の書記官長だった楢橋渡はホイットニーの民政局の全部をそっくりそのまま薬籠中のものにしようと計画した。ゴム王所有の宮殿のような大邸宅で度々大宴会がひらかれ、楢橋は金に糸目をつけない歓待をして、高貴な家庭の美しい娘たちを選り抜いてきて、アメリカ人と踊らせ、その傍らでは閣僚たちが、鹿爪らしい顔をして坐ってアメリカの缶詰配給を待っていた。なにも文句をいう筋はなかった。そういえば、二人の女性の軍属までも招待されていた。しかし、仲よしになることは大いに奨励されて、占領軍将校たちは、折りさえあれば、もっと人気のない場所に女を連れて行くように奨められた」（『東京旋風　これが占領軍だった』）

安藤明のほか、楢橋渡もこんなことをやっていたのだ。マダム鳥尾は、おそらく楢橋に利用されたのだろう。

安藤の恩人たちが相次いで離日

このGSとG2の対立は結果的にG2の勝利に終わるのだが、激しい内部抗争によってG2の将校だったフェラーズ准将、ダイク准将、マイケル・ベルゲル大佐など、安藤明が頼りにしてきたGHQの将校たちは次々と退任もしくは本国に帰還した。ボナー・F・フェラーズは昭和二十一年十一月、安藤が服役中に退役、またケネス・ダイクも同年五月に辞任している。さらに安藤の〝恩人〟ともいうべきバーナード・フィッシャー大尉も安藤が逮捕される直前、少佐に昇級してアメリカに帰っている。守ってくれるはずの彼らの不在が安藤には不運だった。その背景には、これら将校たちと安藤の関係が問題視されるのを恐れたマッカーサーの意向もあったのだろう。

安藤明が刑期を終えて府中刑務所を出所したのは昭和二十一年十二月二十六日である。正確には翌年一月六日が刑期満了なのだが、正月を挟むため刑務所の都合で十日ほど繰り上げになったのだ。出獄した安藤が久しぶりに西銀座の本社に出社すると、弟の三郎以下の本社社員が出迎えた。安藤の出所を聞いて真っ先に本社を訪れたのは松前重義だった。

安藤は出所後あちこちへ挨拶回りをしたが、その中のひとりにGHQのチャールズ・ウィロビーがいる。ウィロビーは安藤にこう言った。

「ミスター安藤、われわれは君に対して大変失礼なことをした。君が米軍のため、また日本国家のため、天皇制や治安につき努力したことは、君の入獄中にいろいろ調査をして判明した。マ

安藤明とフィッシャー（安藤眞吾著『昭和天皇を守った男　安藤明伝』より）

ッカーサー元帥も君の努力を感謝している。それにもかかわらず君を入獄させたことは、まことに相済まない」

ウィロビーの言葉に、人のいい安藤はGHQによって逮捕・投獄されたことも忘れて喜んだものだ。

しかし安藤の入獄を機に、大安組の経営は急速に傾いてきた。

大きかったのは前述した映画事業が頓挫したことだ。GHQの強力な支援なしでは不可能な事業だけに、ボナー・フェラーズやケネス・ダイクら安藤の後援者がいなくなったことでとうとう陽の目を見ることはなかった。

そこで安藤は次に「大安船舶会社」の設立を企図した。機帆船による東京湾でのアメリカ物資の荷揚げである。大安船舶の名前で船を造ることにし、荷揚げのための場所として東京湾から豊洲にかけて一万坪の土地を借りた。また大安船舶の陸上輸送部門を強化するため運輸省に働きかけ、二五トン積トラックやレッカー車の払い下げを受けようとした。そしてこれらの事業の運営資金として復興金融公庫に一億円の融資を申し込んだが、結局不調に終わった。GHQは、安藤の事業に対して銀行貸し出しはまかりならんと通達したという。GHQは利用価値のなくなった安藤明を、それこそ弊履《へいり》のごとく捨てたのだ。

「多くの政治献金もムダに終って、やることなすこと、逆目、裏目とでて、大安組の危機はいよいよ迫ってくる。GHQに逮捕されてから、政、官、財界のことごとくが、安藤を警戒し、敬遠した。占領軍の顔色をみて動く日本人が多かったからだ。安藤は次第に八方塞りとなるのである」（中山正男著『にっぽん秘録』）

また安藤の逮捕と同時に、彼に接待されていた占領軍将校数百人の名簿は没収されて、姿を消してしまった。こうしてGHQは〝不都合な真実〟を消し去ったのである。安心した占領軍将校たちは多かった。

［文責＝山田邦紀］

第九章　暗躍する闇の人脈

大安クラブを買い取った小佐野賢治

安藤明が逮捕され、急速に没落していった時、大安クラブを買い取ったのが国際興業グループの創業者であり、のち田中角栄の〝刎頸《ふんけい》の友〟といわれた小佐野賢治である。

安藤と小佐野のつながりを最初に指摘したのは昭和五十（一九七五）年十一月六日付『赤旗』だった。同紙の連載「日本の黒幕」ではこう書かれている。

「小佐野が安藤と接触したのは、安藤の持っていた料亭分とんぼや、熱海の元伏見宮別荘清流荘、おなじくお宮の松のすぐ付近にある小さな別荘などの買い取りを通してでした。買収価格一千万円（現在の約三十億円）――これが、小佐野が安藤側に支払った代金でした。（中略）〝暗黒街の帝王〟ともいうべき安藤明の資金難を、三つの不動産を買い取ることで救った〝敗戦成金〟小佐野の実力は当時、すでに相当のものだったのです。しかも、興味深いのは終戦直後のこの二人の行動には多くの共通点があることです。生まれた月日がおなじ二月十五日であるのは偶然としても、不動産の買いあさり、皇族や政財界大物への接触、そして米軍への食いこみなど――」（「赤旗」特捜班『日本の黒幕　小佐野賢治の巻　上』新日本出版社）

小佐野は大正六（一九一七）年山梨県生まれ。

上京して自動車部品店に就職、その後徴兵で台湾に行くも病気のため除隊となり、帰国後、東京で自動車部品販売業を始めた。これが昭和十五年、二十三歳の時だ。彼は現金決裁で評判を取り、やがて海軍省航空本部の指定業者になる。そして海軍省航空本部が軍需省に移管されると航空兵器総局の嘱託になり、またまた大儲けした。軍需省というのは戦時中、軍需産業強化のため設けられた行政機関である。

戦後は駐留米軍を相手にした中古車の展示販売でさらに蓄財に励んだ小佐野は、鎌田銓一・元陸軍中将に取り入り、米軍基地に自由に入れるようになる。

鎌田銓一については第一章で少し触れた。厚木に入ってくる連合国軍受け入れのため、日本政府と大本営は有末精三中将を委員長とする厚木終戦連絡委員会を作ったが、この連絡委員会の副委員長が鎌田銓一である。

鎌田は戦前、陸軍から米国に派遣され、イリノイ大学で学んだ（専攻はコンクリート学）あとデラウェア州にあるフォート・デュポン工兵第一連隊に入隊している。昭和二十年八月二十八日、マッカーサー司令部の先遣隊として厚木基地に着いた先遣隊長チャールズ・テンチ大佐はこの工兵第一連隊時代の鎌田（大隊長）の部下である。また鎌田は工兵第一連隊時代、当時米軍参謀総長だったマッカーサーとも面会している。

こうした関係から、鎌田はGHQとの関係が深く、鎌田の宿舎（横浜本牧の民家）には「このコネクションを利用しようとする政財界人が訪れて、門前市をなす状況だったという。小佐野賢治もそのうちの一人」（水沢透「KATOH機関と大安クラブ」『朝日ジャーナル』一九七六年十月十日臨時増刊）だった。

鎌田のコネもあって小佐野は米軍相手に大儲けし、それを元手に敗戦直後の昭和二十年十月、東京急行電鉄（東急）の事実上の創業者・五島慶太から強羅ホテルを買収した。五島は当時、組合対策のための資金捻出に苦慮しており、やむなく強羅ホテルを売りに出したのだが、買いに現れたのが二十八歳の小佐野だったのでびっくりし、また感心もした。五島はホテルのほか小涌谷の分譲地も小佐野に買い取ってもらった。さらに世田谷区内の約五千坪の土地も小佐野に売っている。小佐野にとっても五島慶太の知遇を得たことは大きな財産になった。小佐野は同じく十月に富士山麓電気鉄道（のちの富士急）から山中湖ホテルを買収。富士山麓電気鉄道の二代目社長・堀内一雄は小佐野と同じ山梨県出身だ。堀内は五島慶太の友人でもあり、もしかしたら「同郷だから知り合っておいた方がいい」と、五島が小佐野を堀内に紹介したのかもしれない。小佐野はさらに同年、根津嘉一郎（二代目）から熱海ホテルも買収した。根津財閥も小佐野と同郷の甲州財閥の一員である。小佐野は甲州人脈をうまく利用したのだ。これら三つのホテルは小佐野が買収したあとすぐ米軍に接収されるのだが、小佐野はこれらのホテルが米軍に接収されることを事前に知っていた可能性もある。

世にも奇妙な生前葬

ともあれ米軍レストホテル（保養所）のオーナーになったメリットは大きかった。「ホテル経営に必要とする物資調達。米軍将校と知己になることによって得られる利権の情報や便益。小佐野はこれを最大限に活用したのです」（「赤旗」特捜班『日本の黒幕　小佐野賢治の巻　上』）

食糧の絶対量の不足がヤミ（闇）を横行させてハイパーインフレを招いたことはすでに述べたが、このインフレを食い止めるため幣原喜重郎内閣は昭和二十一年二月十六日夕刻、金融緊急措置令を出した。翌十七日より預金封鎖を行い、従来の紙幣（旧円）を強制的に銀行に預金させる一方、三月二日限りで旧円の通用を廃止したのだ。旧円に代わり新様式の銀行券（新円）を二月二十五日から発行、一定限度内で旧円との引き換えや新円による銀行からの引き出しを認めた。引き出し額は一カ月につき世帯主三百円、家族一人につき百円に限り旧円と新円（A百円券などのA号券）との交換が認められたが、それ以上は封鎖預金となってしまった。給料の現金支払いも五百円までとされ、国民は苦しい「五百円生活」を強いられた。

新円切り替えの結果、「日本銀行兌換券」と印刷されている現金資産はほぼ無価値になり、影響は大金持ちから庶民にまで広範囲に及んだ。しかし小佐野は一千万円を超える現金を不動産＝

ホテルに移していたので助かった。
その小佐野賢治が田中角栄と出会うきっかけとなったのが柴田暁山《ぎょうざん》という人物の奇妙な生葬式だった。柴田はGHQから警察、ヤクザ、右翼にまで顔のきく関東一のフィクサーというか大親分で、民主主義の世の中になったので一切の過去を葬り、生まれ変わろうという趣旨でこの生葬式を行った。昭和二十一年十二月のことだ。当時の新聞記事を紹介する。見出しは「一切の過去を捨て大親分が生葬式　生れ変って民主の紳士に」で、本文は以下の通り（句読点を補った）。
「関東切っての大親分柴田暁山氏が一切の過去を葬り、民主主義の新生活に入ろうというので、二十八日、故郷茨城県磯浜で生きながらの葬式を出した。参列者は東京新宿尾津組の尾津喜之助氏を始め関東、東北、関西の大親分衆百余名、それに友達衆も交って約三千名。供物の花輪も五百余り、香典は国際自動車社長尾佐野賢氏の百万円を筆頭に、しめてざっと二百万円という超豪華版。普通の葬式と同様に寝棺に入った白装束の柴田氏を葬壇に祭って坊主の読経、焼香から野辺送りまで本物そっくり。ただ埋葬しないのが違うだけであったが、生葬式を終ると直ちに生誕祭に移り、名前もミスタージョージと生れ変って『民主主義日本の再建のため大いに努力したい』とのあいさつがあった。柴田氏は当年六十一歳。若いころからこの世界に入り、度胸と強気を買われて現在に至ったが、最近は実業界にも進出、十数社の社長、重役、顧問にかわれている」（『山形新聞』昭和二十一年十二月三十日付）
記者氏が名前を間違えている（会社名も「国際自動車」ではなく「国際興業」の誤り）のはご愛嬌だが、

香典百万円を寄付したという男が小佐野賢治である。記事にも柴田親分が多数の企業の社長や重役、顧問に就いていると書かれているが、柴田親分は国際興業の顧問だった。

この生葬式の葬儀委員長を務めたのが弁護士の正木亮《あきら》である。

正木はもともと監獄学や刑事政策を専門とする法学者だが、昭和二十年、広島控訴院（現・広島高検）検事長の時に被爆、自身は助かったものの娘を失った。戦後は名古屋控訴院（現・名古屋高検）の検事長を務めていたが、治安維持法の改訂に関わったとして公職追放に遭い、弁護士になっていた。戦後は死刑廃止を提唱、日本における死刑廃止運動の中心的役割を担った人物だ。

その正木は小佐野賢治の顧問弁護士を務めていた。そして新潟出身の若くて有望な政治家がいるからと、同じく顧問弁護士を務めていた田中角栄を小佐野に引き合わせたのである。田中角栄はロッキード事件の検察官調書でこう述べている。

「昭和二十二〜二十三年ごろ、正木亮先生の紹介で小佐野氏を知った。特に小佐野氏と親しくなったのは、私が昭和二十五年に長岡鉄道の社長に就任、同社のバス部門の拡充に際して、国際興業から大量に車両の提供を受けたことからです」

二人の抜き差しならない関係は、こうして始まったわけだ。

その小佐野がＧＨＱに逮捕されたのは昭和二十三年五月下旬。容疑はガソリンの不正使用や繊維品の横流し、公文書偽造などで、同年九月二十三日、米軍の軍事裁判で懲役一年と罰金七万四二五〇円の判決を受けた。しかし前述の鎌田銓一が身元引受人となり、米第八軍司令官のウォーカー中将と鎌田が直談判した結果、小佐野は五カ月と三日間服役しただけで釈放されたといわれる。小佐野はＧＨＱ懐柔に全財産を注ぎ込んだ安藤明とは対照的に、逮捕されたあとかえって実業家として大きくなった。鎌田銓一のおかげというべきだろう。

燃え盛る労働運動

話が先に進みすぎたので、少し戻す。

食糧メーデーなど、食糧難解消を訴える大衆運動がマッカーサーの「暴民デモ許さず」という声明（昭和二十一年五月二十日）によって沈静化、組閣が難航していた吉田茂内閣がようやく誕生したことは前述した通りだが、その後、インフレを背景にした生活苦から、にわかに労働運動が激しくなってきた。

第八章で読売新聞争議について触れ、第一次争議で組合が紙面を作る生産管理闘争を行ったことを紹介したが、第一次読売争議のあと、多くの企業にこの生産管理闘争が広がった。労働者が使用者の指揮・命令を拒否、自主的に生産を管理するという闘争形態である。従業員集団が企業を経営するラジカルな方式だ。

この労働運動の昂揚に対し、吉田茂内閣は昭和二十一年六月十三日、「社会秩序保持声明」を発表した。マッカーサーの「暴民デモ許さず」を継承したものである。内容は次のようなものだ。

「生産管理なるものは、正当な争議行為とは認め難い。……これを放置しておくと、遂に企業組織を破壊し、国民経済を混乱に陥れる。そのうえ、もし暴行、脅迫等の暴力がこれに伴って行使されれば、社会秩序に重大な脅威を与えることになる」

つまり禁止方針を明示したのだ。

こうしたGHQや政府の生産管理の否定、さらに大量解雇などの弾圧に対し、労働側は激しく反発した。

昭和二十一年八月一日には日本労働組合総同盟（会長・松岡駒吉）が結成され、同十九日には全日本産業別労働組合会議（産別。委員長・聴濤《きくなみ》克巳）も誕生している。総同盟は社会党に近い労働組合団体で、一六九九組合、組合員八五万五千人。一方の産別は共産党に近く、二一の産業別労働組合を結集、組合員は一六三万人だ。

そして産別系組合を中心に繰り広げられたのが「十月闘争」である。

その一部を紹介すると、まず人員整理が問題となっていた東芝では、首切り反対・最低賃金制を要求して東芝労連が十月一日からストに突入し、五十数日の戦いの末に要求を会社にほぼ認めさせた。

NHKも待遇改善と団体協約締結を求めゼネストに突入した。十月五日午前七時のニュースを最後に、占領軍関係のものを除いて放送をストップ。組合がストを解除して放送が再開されたのは二十日後の二十五日午前九時だった。

さらに全日本炭坑労組（全炭）に所属する北海道地方支部が北海道石炭鉱業連盟に最低賃金制などを要求、十月十日ストに入り、石炭鉱業連盟は組合の要求を飲んだため、十月十五日にストは解除された。

日本発送電および九州配電会社従業員による日本電気産業労組協議会（電産）も最低賃銀制・退職金規程の改訂・電気事業における官僚統制の撤廃などを要求して会社・政府と交渉を続け、十月十二日、電産は闘争指令を出し、事務系はストに入った。中央労働委員会（中労委）などの調停にもかかわらず事態は深刻化し、組合は十一月二十七日を期限とする最後通告を発し、要求に応じなければ十二月五日に全国的停電ストを指令すると発表した。これによってストは不可避となり、十一月三十日に至って政府・会社はついに電産の要求を基本的に飲んだ。

「十月闘争は、文字どおり、労働運動の攻撃につぐ攻撃によって、企業・政府が守勢にたたされ、読売争議のような特殊の例をのぞけば、ほとんどが、組合の要求をうけいれざるをえない状態であった。敗戦後一年、日本国民の変貌ぶりは、まさに目をみはるものがあった」（神田文人著『昭和の歴史第8巻　占領と民主主義』）

十月闘争で民間企業労働者は賃上げを勝ち取ったが、一方、官公庁労働者の賃金レベルはそのままで、民間レベルには及ばなかった。官公庁労働者の賃金は政府予算に縛られるためだ。

そこで昭和二十一年の十一月に入ると、全日本教員組合協議会（全教協）、全逓信従業員組合（全逓）、国鉄労働組合総連合（国鉄総連合）、全国官公職員労働組合協議会（全官公労協）などが最低基本給・越年資金・勤労所得税の撤廃などの要望をまとめたうえ、十一月二十六日、全官公庁共同闘争委員会（共闘）を結成する。参加組合は国鉄五三万人、全逓三八万人など合計一五六万人である。共闘委員会議長には国鉄の伊井弥四郎（日本共産党中央委員）が就任し、十二月三日、あらためて政府に越年資金の支給、最低賃金制の確立、俸給・手当の現物支給、勤労所得税の撤廃、総合所得税の免税点の三万円への引き上げ、団体協約の即時締結など十項目を政府に要求した。しかし政府は越年資金の支給を認めただけであとは拒否したため、社会党の提唱で労働組合懇談会を開催した。参加したのは産別会議、総同盟、日労会議、国鉄、全逓など一七組合。懇談会は賃上げ要求における共同闘争、労働戦線統一、なんらかの政治行動の必要性などを確認したうえ、十二月十七日に吉田内閣打倒国民大会を行うことを決定した。十七日の皇居前広場での大会には五十万人が集結、メーデー以来の大集会になったものだ。

吉田茂首相の暴言

こんな不穏な空気の中、昭和二十二年の元旦、吉田首相はラジオで年頭の挨拶を行った際、とんでもない暴言を吐いた。内容は次の通り。

「政争の目的のためにいたずらに経済危機を絶叫し、ただに社会不安を増進せしめ、生産を阻害せんとするのみならず、経済再建のために挙国一致を破らんとするがごときものあるにおいては、私はわが国民の愛国心に訴えて彼らの行動を排撃せざるを得ない」

「しかれども、かかる不逞《ふてい》の輩《やから》がわが国民中に多数ありとは信じませぬ」

不逞の輩とは、「勝手気ままに無法な振る舞いをする奴」のことで、この発言を聞いた国民からは憤激の声があがった。

なにしろ労働運動のリーダーを不逞の輩と断定したのだから当然だろう。

共闘（全官公庁共同闘争委員会）はゼネストも辞さないと激しく反発し、昭和二十二年一月十八日には、

「われら二六〇万の全官公労働者は、二月一日午前零時を期して決然として起ち、全国一斉にゼネストに突入し、全要求を貫徹するまでは、政変のいかんにかかわらず断乎として戦う」と宣言、もはや二月一日のゼネストは避け難い様相になってきた。

吉田首相は社会党との連立政権によって事態の収拾を図ったが、うまくいかない。

この段階からGHQの介入が始まった。

まず一月二十二日、GHQ経済科学局（ESS）のマーカット局長・コーエン労働課長らが共闘の伊井弥四郎や岩間正男、全闘（全国労働組合共同闘争委員会）の中原淳吉（産別）、原虎一（総同盟）たちを呼び出し、スト中止を勧告した。通信や交通のゼネストは占領目的を危うくさせるものだから中止しろというものだ。ウィリアム・マーカット少将は財閥解体などの経済政策を主導したマッカーサーの側近である。

中労委（中央労働委員会）の斡旋で政労会議が開かれたものの、一月三十日、共闘はこれを拒否、同日夕方、マーカットは六時間以内のゼネスト中止命令の提出を共闘側に促した。しかし共産党は事態を見誤った。GHQは絶対に手を出してこないから、断固突き進めと指令を出したのである。

そしていよいよ明日にゼネストを控えた一月三十一日午後二時半、マッカーサーはついにゼネスト中止命令を出した。

午後三時頃、この命令は号外で市中に配られた。突然の命令だったため、スト指導のメンバーさえ号外ではじめて命令を知った者も多かった。

ゼネスト中止命令を出したあと、GHQは全官公庁共闘の伊井弥四郎を呼び出してスト中止をあらためて命令、伊井は同意しなかったが、そのままジープでNHKに連れていかれた。午後九時二十分、マイクの前に立たされた伊井は涙を流して全国の労働者にゼネスト中止を呼びかけた。内容はこうだ。

「私はいま、マッカーサー連合国最高司令官の命により、ラジオをもって、親愛なる全国の官吏の皆さんに、明日のゼネストの中止をお伝えしますが、実に断腸の思いで組合員諸君に語ることをご諒解願います。私はいま、一歩退却二歩前進という言葉を思い出します。私は声を大にして、日本の働く労働者・農民のため、万歳を唱えて放送を終わることにします。

労働者・農民万歳！」

ゼネスト中止を伝える伊井弥四郎

一月三十一日午後九時二十一分だった。全国の工場や事務所で、労働者たちは泣きながら伊井の放送を聞いた。進駐軍はやはり解放軍ではなかったのだ。

この二・一ゼネスト中止がいわゆる「逆コース」の始まりだった。第二次大戦後、世界は米国を中心とする資本主義国とソ連を中心とする共産主義国に二分されたが、ソ連への警戒心から、米国はそれまでの民主化・非軍事化という対日政策から大きく転換、日本を共産主義の防波堤にしたいと考えるようになったのである。

「逆コース」を歩みはじめてからは、軍閥打倒、財閥解体、戦争指導者追放、組合運動の奨励などの民主化政策は棚上げされ、「経済復興優先」の掛け声とともに公職追放の解除、財閥再生、左翼勢力の弾圧、再軍備に向けた軍閥の利用など、反共路線があからさまになっていった。

謎のKATOH機関

ことに注目すべきは軍閥の利用である。軍閥というのは戦前からある日本軍の派閥のことで、敗戦後もGHQが「利用価値が高い」と判断した大本営陸軍参謀部所属のエリート軍人たちは戦犯にも指定されず、巣鴨プリズンへの収監を免れていた。そしてG2のウィロビーは彼らを対ソ連インテリジェンス要員として雇ったのである。雇われた日本人はおよそ二百人で、うち少なくとも一五人は旧日本軍の上級将校だった。

その代表格がKATOH機関であろう。機関とは何か。メディア論で知られる早稲田大学教授の有馬哲夫はこう説明している。

「『機関』とは戦前・戦中の日本で、正式の日本政府や軍の組織には属さずに特殊任務やインテリジェンス活動を行った準軍事組織のことだ。それらの任務、予算、組織、人員の実態はまちまちで、しかも秘密にしたため現在でも不明な部分が多い。戦後の混乱のなかで、これらの『機関』は、『軍閥』の一部や特殊機関員などが自己防衛と生活のために作った私設『機関』に変わっていった」（有馬哲夫著『大本営参謀は戦後何と戦ったのか』新潮社）

KATOH機関（またはKATO機関）について知っている人は少ないだろう。ネットで検索しても出てこない。これらは各「機関」の頭文字をとったもので、それぞれのアルファベットがどの機関を指すのかはいまだにはっきりしない。有馬哲夫は、河辺（虎四郎）機関、有末（精三）機関、田中（隆吉）機関、及川（古志郎）機関のほかに児玉（誉士夫）、辰巳（栄一）、岩畔《いわくろ》（豪雄《ひでお》）機関など日本側の機関とG2傘下の組織との合同機関——としているし、作家の松本清張はまた違う見方だ。

「GHQに協力した旧軍人の中で、有末（A）、河辺（K）、服部（H）、中村（N）、大前（O）のうち中村氏を除いて、これに辰巳中将の（T）を入れ、呼びやすいようにしたのがKATOH機関と呼ばれるものだった。G2の日本機関の中では最優秀の特別組織であり、その実力は、任務こそ違うが、アメリカのトレッシー機関の第四四一CICと比肩したと云われているほどである」（松本清張「日本の黒い霧」『松本清張全集 30』文藝春秋社所収）

CICはGHQ民間諜報課である。

また作家の森詠はKが河辺虎四郎中将、Aが有末精三中将、Tが辰巳栄一中将、Oが大前敏一海軍大佐だろうと推測している（森詠『黒の機関』徳間書店）。

なぜだか名前に漢数字のつく軍人が多い。このほか、Kは鎌田銓一中将、Oは小野寺信少将ではないかという向きもある。一致しているのはAが有末精三だということだ。

そこでまず有末精三の果たした役割から紹介するが、一点だけ注意しておきたいことがある。第一章の最後で有末精三の著書『終戦秘史　有末機関長の手記』から一部を引用したが、この場合の「有末機関」というのは有末が終戦後、復員関連業務（「対連合軍陸軍連絡委員長」）を行った際につけられた機関名で、いわば表の仕事（昭和二十年九月〜昭和二十一年三月）である。有末は厚木終戦連絡委員会の委員長を務めた（昭和二十年八月）あと、陸軍の復員関連業務に携わっていたのだ。これから説明する「有末機関」はそれとはまったく違い、「裏」の仕事だ。

さて有末は、天皇が周辺に「なぜ有末は戦犯に指定されないのか」と漏らしていたことから、GHQも慎重に調べたのだが、とうとう戦犯にはならなかった。最大の理由は有末をG2のウィロビーが大層気に入ったからである。

ウィロビーのオフィスで面会を求める政府要人たちが大勢待っているときでも、ウィロビーは有末を見つけると順番を無視して「すぐ入れ」と部屋に引き入れたものだ。

ウィロビーがそれほど有末を寵愛したのは有末がイタリア語の達人（昭和十一年にイタリア大使館付武官になっている）で、ベニート・ムッソリーニ（イタリアの独裁者）を直接知っていたから。ウィロビーは熱狂的なファシスト贔屓《びいき》で、スペインのフランコ将軍とともにムッソリーニも崇拝していた。有末は日本の軍人には嫌われたが、ウィロビーの覚えは目出たかったのだ。

有末は、対連合国陸軍連絡委員長、つまり公的な「有末機関長」の仕事を昭和二十一年三月末まで続けたあと、同年六月まで第一復員省（旧・陸軍省）に所属して復員関連業務を行っていたが、翌七月から駐留米軍の顧問（GHQの歴史課勤務）になった。「明日から顧問になれ」というウィロビーの鶴の一声である。ここまでのことについて有末はいろいろ語っているが、その先のことはまったく語ろうとしなかった。有末はどんなことをやっていたのか。

GHQ歴史課に勤務した有末は、その陰で河辺や辰巳とともに、ウィロビーがG2内に設けた特殊インテリジェンス班のメンバーになった。旧陸軍幹部をリクルートし、対ソ連・対中国共産党の情報収集に携わるようになったのだ。これが有末機関である。当初、有末機関は河辺機関の傘下にあった。それが……。

「ウィロビーの寵児有末は、旧陸軍得意の下克上をやっていた。つまり、河辺機関と合同し、これがG-2と合同してKATO機関となると、有末は河辺をさしおいて、河辺・KATO機関全体を牛耳り始めた。そして、豊かな資金力と規模の大きさを生かして、他の機関もその傘下に入れ始めた」（有馬哲夫著『大本営参謀は戦後何と戦ったのか』）

ウィロビーが作った秘密情報機関

有末機関は、昭和二十三年頃から「日本義勇軍」派遣を手始めに、朝鮮半島、インドシナ、満州に数千人の工作員を送る秘密工作を実行に移した。

この「日本義勇軍」は別名「台湾義勇軍」ともいう。これは根本博・元陸軍中将（支那派遣軍参謀長）が中心となって、中国大陸の共産党政権への反攻を企てた工作だ。根本博はもともと参謀本部支那班に所属していた〝中国屋〟で、昭和二十四年三月、部下とともに密輸船で台湾に渡り、金門島攻防戦に参加して蔣介石率いる台湾側を助けた。金門島は中国・福建省沿岸にある島で、国府軍（国民政府軍＝台湾軍）でも中将に任じられた根本（中国名は林保源）はここを拠点にした塹壕戦を指揮、中国・人民解放軍に壊滅的被害を与えた（古寧頭戦役《こねいとうせんえき》）。そのため人民解放軍は台湾奪取による統一を断念せざるをえなくなった。金門島は今でも台湾の統治下にある。作家・門田隆将の『この命、義に捧ぐ　台湾を救った陸軍中将根本博の奇跡』（角川書店）はこの辺の事情を描いた作品である。現在の中国と台湾の関係はこの時から生じた。

日本義勇軍については日本の国会でも問題になったが、吉田茂首相は「噂は聞いておりますが、その噂が事実なりや否やについては、ただいま調査中」と言葉を濁している（昭和二十四年十一月十二日の参議院本会議）。GHQのウィロビーと昵懇だった吉田は、もちろん義勇軍のことは知っていただろう。

いや、ウィロビーどころか、この日本義勇軍の派遣は、そもそも連合国軍総司令官ダグラス・マッカーサーその人の計画であった。米国国立第二公文書館でCIS（GHQ民間諜報局）の「インテリジェンス・レポート」を精査した有馬哲夫はこう書いている。

「この文書と他のCIA文書を付き合わせるならば、さらに驚天動地の新事実が明らかになる。その事実とは、『日本義勇軍』は、マッカーサーと中国国民党の密約によって生まれたというものだ」（『大本営参謀は戦後何と戦ったのか』）

マッカーサーが最初にリストアップしたのは有末ではなく岡村寧次《やすじ》（陸軍大将）だった。岡村寧次は終戦時、支那派遣軍総司令官だったが、その前は北支方面軍司令官で、八路軍の強さに驚嘆している。八路軍というのはのちの人民解放軍の前身だ。当時、共産党軍である八路軍は第二次国共合作（国民党と共産党の協力体制）によって中華民国国民革命軍に参加、華北で日本陸軍との激しい戦いを繰り広げていたのだが、その強さは際立っていた。そこで岡村は日本軍の作戦対象を国民党軍から共産党軍に移し、共産党軍の指導する地域を「三光作戦」で根こそぎにしようとした。焼きつくし、殺しつくし、奪いつくすというのが三光作戦で、どこから見ても岡村は第一級の戦争犯罪人だ。

実際、昭和二十三年、岡村は戦争犯罪容疑者として中国国民党政府によって収監され、裁判にかけられていた。ところが翌年一月二十六日、国民党政府は突如、岡村を無罪放免にした。岡村は二月四日、日本に帰国している。この超法規的措置を行ったのがマッカーサーだったのだ。マッカーサーは岡村に共産軍と戦う覚悟があることを確認した上で国民党政府に釈放を求め、国民党政府もまた中国共産党への恐怖からマッカーサーの要求を飲んだ。

誤算だったのは岡村が重度の結核で、日本に帰国後すぐ病院に入れられたことだ。台湾をめぐる情勢は逼迫しており、岡村の回復を待っている時間がなく、日本義勇軍派遣の責任者は有末になった。バックにウィロビーとマッカーサーがついている有末は絶大な権力を持つに至ったのである。

一九五一（昭和二十六）年四月、朝鮮戦争（一九五〇年六月二十五日～一九五三年七月二十七日）をめぐ

ってトルーマン米大統領と意見が合わずマッカーサーが解任されると、ウィロビーも退役・帰国した。それとともに有末の絶大な権力も失われた。

他の機関についても述べておく。

河辺機関は河辺虎四郎中将を中心とした旧日本軍人の極秘情報機関で、ウィロビーの指示で作られた。もちろんG2直轄である。表向きは「GHQ歴史課」という戦史編纂の仕事をする部署だが、きたるべき日本の再軍備に備える密命を帯びていた。河辺が敗戦直後マニラに飛び、ウィロビーが出迎えたのは前述（第一章）の通りで、両者はそれ以降、深い関係にあった。

「河辺のほか、元陸軍大臣の下村定《さだむ》、有末精三中将が幹部として加わり、辰巳が事務局長的な役割を担った。東京だけでなく、全国を北海道、関東、近畿、中・四国、九州の五地区に分けて、優秀な元将校らが情報収集を担当した。彼らはG2のために、共産党や旧軍人らに関する情報の評価と分析を行った」（春名幹男『秘密のファイル　CIAの対日工作』共同通信社）

朝鮮戦争と旧特務機関の関係

一九五〇年六月二十五日に朝鮮戦争が勃発すると約二週間後の七月八日、マッカーサーの指令で警察予備隊が新設されることになる。日本が実に素早く警察予備隊を創設できた背景には河辺機関の存在があった。準備が整っていたのだ。警察予備隊がのち保安隊を経て自衛隊になったのは周知の通り。

その警察予備隊を作るに当たって役立ったのが河辺機関傘下にあった服部（卓四郎）機関の作成したリスト。警察予備隊には七万五千人の募集に対して三八万二千人の応募があったが、ウィロビーの指示で、服部卓四郎は早い時点から幹部要員のリストを作成していた。そして服部機関のリストに基づいて幹部候補の名簿を作り、同じく河辺機関傘下にあった辰巳機関の辰巳栄一が一人一人チェックした。彼らを公務員として採用するには公職追放から除外することが必要だったが、これも下村定を中心とする辰巳機関が行った。

服部機関の服部卓四郎（元大佐）は参謀本部作戦課長、東條英機陸軍省秘書官などを歴任した人物。作戦課長時代にノモンハン事件に関わっている。ノモンハン事件というのは一九三九年、モンゴルと満州との国境地帯で起きた日本軍とソ連軍の大規模な衝突事件で、日本軍は完敗した。このノモンハン事件を画策したのが関東軍司令部作戦課の辻政信と作戦主任の服部卓四郎で、半藤一利・保阪正康著『昭和の名将と愚将』（文藝春秋）ではこの辻・服部コンビを愚将のトップに挙げている。なにしろノモンハン事件では日本軍の一個師団が壊滅、最前線で戦った連隊長などはほとんど戦死か自決だった。そんな服部だが、戦後はGHQに協力したため、責任を問われることはなかった。

一方、辰巳栄一は元陸軍中将で、駐英大使館の駐在武官だった時の駐英大使が吉田茂だった。吉田とはこの時からコネクションができていた。その後は東部軍参謀長、第一二方面軍参謀長を経て、敗戦時は第三師団長として中国にいた。いちおう公職追放に引っかかって表舞台には出てこなかったが、吉田茂との関係から実際は追放されていなかった。自衛隊の発足は昭和二十九年の七月一日である。そして自衛隊が創設されると、河辺機関の将校らは自衛隊幹部として次々に採用されていった。

ここで仁川《インチョン》上陸作戦のことについて触れておかなければならない。

一九五〇（昭和二十五）年六月二十五日、朝鮮戦争が勃発した。第二次大戦後、朝鮮半島は朝鮮民主主義人民共和国（北朝鮮）と大韓民国（韓国）に分断されたが、米国とソ連の対立を背景に、突然北朝鮮軍が南の大韓民国に進攻、六月二十八日には大韓民国の首都ソウルも陥落した。戦争は中国人民義勇軍と米軍を主体とする国連軍も巻き込む国際紛争に発展（朝鮮動乱）したが、この中でマッカーサーによって発動されたのが仁川上陸作戦だ。

仁川はソウルの西方約二十キロにある韓国有数の港湾都市。朝鮮動乱で劣勢にある大韓民国を支援するため、マッカーサーはこの仁川に米軍を中心とした連合軍を上陸させる奇襲戦法を採用した。その結果、ソウルは大韓民国側が奪還した。この一連の作戦・戦闘が仁川上陸作戦である。しかもこの作戦には日本人（旧軍人）が協力していた。作家の松本清張は言う。

……朝鮮戦線で日本人が米軍に直接協力したことは否めない。仁川上陸に当たって、一千機に上る飛行機の掩護の下に、艦船三百隻を持って兵力五万の国連軍が輸送されたが、この中には相当数の日本人輸送員が使用されていたのは事実である。彼らは、或は水先案内人となり、或は掃海作業員となり、或は操作要員となって協力した。仁川上陸は、戦略上極めて常識的なものだったが、この作戦に必要な助力は、日本旧軍人に求められたと云っていい。朝鮮の地形や、海域の水深は、日本軍ほど潤沢な資料を持っているものは無いのだ。そのような資料は、他のものと一緒に占領後、アメリカ機関の中に集められていた。

こうしたなかで、服部機関、つまりH機関が仁川上陸作戦の有力な助言者だったといわれている。この組織の中には、朝鮮軍に長く勤務していた特殊機関の曾てのメンバーが入っていたことも確かであろう。いわゆる海軍出身者の一部と、船舶部隊といわれた日本陸軍の旧軍人たちが仁川上陸輸送員であったのではなかろうか。（松本清張著「日本の黒い霧」）

KATOH機関のうちのひとつとされる服部機関は、こうして朝鮮戦争にも関与したのである。

落魄し、失意のうちに安藤明死す

さて、その後の安藤明である。彼が率いる大安組の経営はいよいよ厳しくなってきた。財閥が復活してきたことも響いた。まず安藤を苦しめたのは仕事量の激減である。

「いままで全国的規模でやっていた電信電話の復旧、新設の工事が、GHQの独占禁止令で入札制となり、仕事も減り、利益の幅も少なくなっていた。それに利益金の大部分が、安藤の政治金庫から湯水のように流れでていたのだ。天皇を守ろうとして、GHQ工作にも惜しみなく投入したためでもある」（中山正男著『にっぽん秘録』）

資金繰りのため安藤は全国の支店に「どんな手段を使ってもいいから、本社に百万円を送れ」という指令も出している。ある支店長などは社員寮の掃除のおばさんからも金を借りて本社に送ったという。

逮捕以来、政・財・官のことごとくが安藤を警戒し敬遠するようになったため、安藤の心には強い猜疑心が生まれはじめた。外部の人間だけでなく、大安組の重役や社員たちも安藤を裏切って不正を働いているのではないかと疑ったり、弟の三郎が会社乗っ取りを策しているのではという妄想を抱くようになるのである。

安藤と重役・社員との間に亀裂が生じ、意見の違いから退社する社員も多くなってきた。やがて社有の五百台のトラックが税金の滞納で差し押さえられ、身動きが取れなくなった。全国の支店社員の給料も遅配が続くようになる。そして弟の三郎を含む幹部社員二六〇人が一斉に退社する事態になり、昭和二十三年十月、とうとう大安組は倒産した。この時、安藤明四十八歳。

それでも安藤は大安組再興のためさまざまな事業を計画している。

そのひとつはアメリカが特許を持つパーキングメーターの日本への輸入。しかしこれには五千万円の資金が必要で、途中で断念した。

そしてもうひとつは北里研究所（現・学校法人北里研究所）の近代化だ。同研究所は北里柴三郎が創立した私立伝染病研究所が母体で、大正三（一九一四）年に誕生している。アメリカの某財団に呼びかけて資金を作り、大学の設置、薬品部の会社化などを目指すスケールの大きな計画で、北里善次郎（北里柴三郎の二男）がこの話に乗り、運動費として安藤に一千万円の手形を渡している。しかしこの計画も肝心のアメリカの財団の協力が得られず、結局は断念した。

むろん、安藤一家の生活も苦しくなる一方で、資産の〝売り食い〟が続いた。西銀座の本社ビルはもちろん、京橋事務所、全国の支店、熱海にあった二つの別荘も、すべて手放した。そして昭和二十九年にはついに住み慣れた南千束の家も引き払い、神奈川県川崎市宿河原の借家に移り住んだ。

第四章で、安藤が宿河原の不動尊に詣でた際、「近く天皇とマッカーサーのためになる外国人に出会うだろう」という老僧のお告げを受けたことを紹介した。南千束から安藤一家（妻と子ども五人の計七人）が移り住んだのはこの不動尊（新明国上教会）の境内にある古い二階建ての一軒家だった。教祖である老僧はすでに亡くなっていたが、二代目の関山金蔵会長が提供してくれたのだ。南千束の豪邸とは比較にならないが、一家七人が雨露をしのぐには十分で、安藤は決して不平を漏らさなかった。それどころか、自分が厚木基地の整備や天皇護持の大仕事をやれたのは亡き教祖のおかげであるとして不動尊の拡充を計画、実現を目指したほどだ。また賀屋《かや》興宣《おきのり》（大蔵官僚・政治家）の秘書官や岸信介の秘書官が死んだ時も「お世話になった人だから」と、義理堅い安藤はなんとかお金を工面、葬儀万端を一人でやっている。

　その安藤は昭和三十二年のクリスマスの夜、三人の息子を伴って高松宮邸を訪ねた。逮捕され大安組が倒産して以来、すっかり足が遠のいていたので、久方ぶりに挨拶しようと思い立ったのだ。しかし宮家は引見を断った。高松宮としては、時代も変わっているし安藤とはもう関わりたくなかったのだろう。

　高松宮家を訪れた三年後の昭和三十五年春頃から、安藤は身体の変調を自覚するようになる。胃の奥にしばしば鈍痛を覚えるのだ。東横線武蔵小杉の東横病院で診察を受けると胃がんだった。しかし手術は受けなかった。病院嫌いでもあるし、また手術代もなかった。その日の生活にも困るようになっていたのだ。

　これを聞き知った大石三良が自分の経営する『社会福祉新聞』に安藤の窮状を書き、世間に訴えた。さらに家族や友人たちの奔走で入院治療費が集まって、ようやく東横病院に入院。しかし、いざ手術という段になって安藤は病院から逃げ出している。「俺は腹を切らなければいけないような悪いことはしていない」というのが彼の言い分で、征（正）露丸を飲んだりして我流の治療を続けた。

　しかしそのうち病状が悪化、ときどき血を吐くようになり、さしもの安藤も観念して東京・築地の聖路加病院に入院した。昭和三十七年六月一日に入院、手術は六月十三日だった。

　彼の病床をしばしば見舞い、慰めたのは万年東一、佐藤六郎、牛山馨六《けいろく》、橘天敬《てんけい》、上原静子などだ。

佐藤六郎と万年東一についてはすでに述べた。佐藤は安藤明とともに厚木事件に関わった元海軍大佐（第三章）で、万年は時に安藤の用心棒も務めた、今では伝説的存在になっている愚連隊

聖路加病院で闘病中の安藤明（安藤眞吾著『昭和天皇を守った男　安藤明伝』より）

のリーダー（第四章）だ。牛山馨六は元海軍中尉で佐藤六郎の部下。橘天敬は波瀾万丈の生涯を送った著名な日本画家。また上原静子は安藤が時おり使った銀座の料亭「鶴亀」の女将である。

安藤が入院中のある日、橘天敬の発案で橘、佐藤、牛山の三人が時の総理大臣・池田勇人に面会し、「天皇制護持のため全財産を使い、また保守党を今日に至らしめた大恩人の安藤明を援助してもらいたい」と訴えた。橘と池田勇人は旧知の仲だったようだ。話を聞いて感激した池田首相は、さっそく宏池会の田村敏雄を聖路加病院に出向かせ、同年八月四日、見舞金十万円を安藤に手渡している。宏池会は自民党の派閥のひとつで、現在の宏池会会長は岸田文雄だ。

しかし早期治療できなかったためか手術後の経過は芳しいものではなく、池田勇人から十万円を受け取った十一日後の八月十五日、ついに安藤は聖路加病院で六十一歳の生涯を閉じた。敗戦記念日に亡くなったというのも安藤明の人生を象徴しているといえるかもしれない。

青山斎場で告別式が行われたのは十一月二十二日。政治家で参列したのは益谷秀次（第二次吉田茂内閣で建設大臣など）、安井謙（のち衆議院議長）、西郷吉之助（第二次佐藤内閣の法務大臣など）の三人だけだった。冷たいものである。なお、安藤が「おい、栄作」と呼び捨てにして可愛がっていた佐藤栄作（池田勇人の次の首相）は当時外遊中で、佐藤栄作は安藤の一周忌にあたり、遺児の教育資金として遺族に百万円を贈っている（篠田五郎著『万世に太平を開いた男』財元舎）。

安藤の長女・若井亜紀子によると、安藤の死から数年後、安藤の妻正子（亜紀子の母）は大井町の場末にあったお好み焼き屋に住み込みで働きはじめたという。亜紀子はこう書いている。

「父ほどの財をなした人の子であれば、どれほどかの遺産に囲まれて過ごしたに違いない、と思われても不思議はない。しかし、もののみごとにスッカラカンであった。正直、大井町の事は人に知られたくはなかった。悪いことをしたわけではないのに、どうしてこういう事になるのだろう、という思いを訴える相手もおらず、また、その暇もなく、ひたすら働くだけであった」古川圭吾編『昭和の快男児　日本を救った男　安藤明』）

ＧＨＱに見捨てられた安藤明の末路はなんとも哀れなものだったというほかない。一時は日本最大級の企業だった大安組を率い、敗戦直後の混乱期に一世を風靡した安藤明は、こうして歴史の舞台からひっそりとその姿を消したのである。

［文責＝山田邦紀］

あとがき

山田邦紀

もう半世紀も前になるが、作家・評論家の山岡明さんと週刊誌の仕事でご一緒したことがある。一九二〇年生まれの山岡さんは高知出身で、『小説・稲垣足穂』や『カストリ雑誌にみる戦後史』などで知られる。カストリ雑誌というのは太平洋戦争が終わってからの数年間、性風俗記事などを中心に活況を呈した大衆娯楽雑誌だ。山岡さんとは企画会議で毎週お会いした。

その山岡さんからある時、興味深い話を聞いた。敗戦直後のことは意外と知られておらず、庶民史はもちろん正史（正統と認められた歴史書）においても「空白期」があるというのである。どういうことかと聞いてみると、次のような答えだった。

まず一つは戦前・戦中とは比較にならないほどのすさまじい飢餓・物資不足のため、生きるため国民は大なり小なり法を犯さざるをえなかったこと。自己嫌悪もあって、つらく惨めな体験はなるべく忘れようとしたのだという。二番目はメディアの問題で、むろんまだテレビはなく、ラジオもＮＨＫだけ。新聞はというと用紙不足でペラ一枚、つまり一枚の紙の両側に印刷しただけのものだった。多くのニュースがこぼれ落ちていたのだ。そして三番目が「占領下」という特殊な状況のため、日本国民として知るべき事柄も知りえなかったこと。これらの理由で、埋め切れない空白部分が生じたのだという。

山岡さんから聞いたこの話はほとんど忘れていたのだが、二年ほど前、安藤明が率いた大安組と彼がGHQの要人たちを接待した「昭和鹿鳴館」（大安クラブ）のことを何かで読んだ時、急に思い出した。

安藤明のことはそれまでまったく知らなかった。

戦後、かつての財閥は解体され、代わって新興財閥が台頭する。その代表格が安藤明の「大安組」だ。GHQの庇護のもと、運送業や電信電話の復興事業などで一時は日本最大級の企業にまでのし上がったのだ。そして安藤は収益の大部分を「天皇制護持」のため湯水のように使っている。しかし利用価値がなくなるとあっさりGHQに見捨てられ、いまではその痕跡さえ消し去られている。安藤明に関する史料は、若干の日本側のもの及び米国人ジャーナリストのマーク・ゲインの書いたものだけで、GHQ側の残したものは皆無だ。けだし安藤明及び「昭和鹿鳴館」のことはGHQ、つまりアメリカにとって極めて不名誉かつ不都合な〝真実〟なので、絶対に記録に残したくなかったのだろう。

してみれば安藤明というこの人物は山岡さんの指摘した「空白期」の象徴であり、彼を座標軸に占領下の日本の政治・経済・社会、なかんずくGHQとの関係を見直せば、多少なりともその空白を埋められ、現在にまでつながる闇というか陰の部分に光を当てることができるのではないか。そう思ったのがきっかけで本書が生まれたのだが、さてどこまでその目的を果たせたのかは正直わからない。「この時代にはそんなことがあったのか」と、興味を持っていただければ幸いである。

本書の出版に当たっては現代書館の菊地泰博社長、それに編集部の原島康晴部長の手を煩わせた。記して感謝したい。

❖引用・参考文献

「BSプレミアム　零戦～搭乗員たちが見つめた太平洋戦争～」NHK、放送日二〇一三年八月三日、一〇日
『警視庁史　昭和前編』警視庁史編さん委員会（一九六二年）
『昭和史全記録』毎日新聞社（一九八九年）
Mark Gayn『Japan diary』Charles E.Tuttle Co.,Inc.（一九八一年）
C・A・ウィロビー『GHQ　知られざる諜報戦　新版・ウィロビー回顧録』平塚柾緒編、山川出版社（二〇一一年）
H・E・ワイルズ『東京旋風　これが占領軍だった』井上勇訳、時事通信社（一九五四年）
赤塚行雄『昭和二十年の青空　横浜の空襲、そして占領の街』有隣堂（二〇〇四年）
「赤旗」特捜班『日本の黒幕　小佐野賢治の巻　上』新日本出版社（一九七六年）
阿川弘之『米内光政』新潮社（一九七八年）
阿川弘之編著『連合艦隊の名リーダーたち』プレジデント社（一九八二年）
雨宮正典「『小園司令の決起宣言速記録』―武装解除を蹴った厚木基地の一週間」『週刊サンケイ』一九七八年八月三十一日号、産業経済新聞社（一九七八年）
有末精三『終戦秘史　有末機関長の手記』芙蓉書房（一九七六年）
有末精三「占領軍を厚木に迎えて―ジャングルから来た男たち―」『文藝春秋』昭和三十一年八月号、文藝春秋（一九五六年）
有馬哲夫『大本営参謀は戦後何と戦ったのか』新潮社（二〇一〇年）
有馬哲夫『日本人はなぜ自虐的になったのか　占領とWGIP』新潮社（二〇二〇年）
粟屋憲太郎編『資料日本現代史3　敗戦直後の政治と社会②』大月書店（一九八一年）

安藤明「大安クラブ覚え書」『文芸春秋　一九五二年四月号』文藝春秋（一九五二年）
安藤眞吾『昭和天皇を守った男　安藤明伝』ルネッサンスブック（二〇〇七年）
一坂太郎『昭和史跡散歩「東京編」』イースト・プレス（二〇一六年）
井出孫六『ルポルタージュ　戦後史　上』岩波書店（一九九一年）
猪野健治編『東京闇市興亡史』ふたばらいふ新書（一九九九年）
猪瀬直樹監修『目撃者が語る昭和史第八巻　8・15終戦』新人物往来社（一九八九年）
岩崎昶『占領されたスクリーン　わが戦後史』新日本出版社（一九七五年）
海野十三『海野十三敗戦日記』中央公論新社（二〇〇五年）
江藤淳責任編集『占領史録第①巻　降伏文書調印経緯』講談社（一九八一年）
大島幸夫『原色の戦後史』講談社（一九八六年）
太田健一他著『次田大三郎日記』山陽新聞社（一九九一年）
大森実『禁じられた政治　戦後秘史6』講談社（一九八一年）
岡崎勝男『戦後二十年の遍歴』中公文庫（一九九九年）
岡田啓介『岡田啓介回顧録』中央公論社（一九八七年）
岡部英一『緑十字機　決死の飛行』静岡新聞社（二〇一七年）
大佛次郎『大佛次郎　敗戦日記』草思社（一九九五年）
外務省編『終戦史録』終戦史録刊行会（一九八六年）
梯久美子『昭和二十年夏、僕は兵士だった』角川書店（二〇〇九年）
鎌田勇『皇室をお護りせよ！　鎌田中将への密命』ワック株式会社（二〇一六年）
川島高峰『敗戦　占領軍への50万通の手紙』読売新聞社（一九九八年）

川島高峰『流言・投書の太平洋戦争』講談社（二〇〇四年）
河原匡喜『マッカーサーが来た日』新人物往来社（一九九五年）
河辺虎四郎『河辺虎四郎回想録　市ヶ谷台から市ヶ谷へ』毎日新聞社（一九七九年）
神田文人『昭和の歴史　第8巻　占領と民主主義』小学館（一九八三年）
菊池久『天皇陛下とマッカーサー』河出書房新社（一九八九年）
貴志謙介『戦後ゼロ年　東京ブラックホール』NHK出版（二〇一八年）
北一輝『北一輝著作集』みすず書房（二〇〇〇年）
木下道雄『側近日誌』文藝春秋（一九九〇年）
小泉時『ヘルンと私』恒文社（一九九〇年）
国民新聞社編『国民新聞シリーズ（第1集）終戦処理未だ終わらず』国民新聞社（一九六八年）
小島末喜監修『救国の快男児　安藤明の生涯㊙わが命天皇に捧ぐ』東光出版（一九七三年）
古関彰一『日本国憲法の誕生　増補改訂版』岩波書店（二〇一七年）
小園安名「最後の對米抵抗者―厚木基地降服反對事件首魁の手記」『文藝春秋』昭和二十八年六月号、文藝春秋（一九五三年）
児玉誉士夫『悪政・銃声・乱世　児玉誉士夫自伝』廣済堂出版（一九七四年）
小長谷正明『医学探偵の歴史事件簿』岩波書店（二〇一四年）
小長谷睦治「帝国海軍最後の感謝状と終戦処理費第一号」『水交』昭和五十五年八月号、水交会（一九八〇年）
小長谷睦治『私の海軍時代』私家版（一九八九年）
相良俊輔『あゝ厚木航空隊　あるサムライの殉国』光人社（一九八六年）
佐木隆三『政商　小佐野賢治』講談社（一九八二年）

佐藤元英・黒沢文貴編『GHQ歴史課陳述録――終戦史資料』原書房（二〇〇二年）
佐藤六郎「厚木事件処理の真相⑴」『水交』昭和五十七年六月号、水交会（一九八二年）
佐藤六郎「厚木事件処理の真相⑵」『水交』昭和五十七年七月号。水交会（一九八二年）
佐藤六郎「米軍 厚木基地進駐の思い出」『水交』昭和五十八年八月号、水交会（一九八三年）
佐藤六郎「私の体験秘録」『海空時報別冊』海空会（一九八三年）
重光葵『重光葵手記』中央公論社（一九八六年）
重光葵『昭和の動乱　下巻』中央公論社（一九五二年）
篠田五郎『万世に太平を開いた男』財元舎（一九七六年）
ジョン・ガンサー『マッカーサーの謎』木下秀夫・安保長春訳、時事通信社（一九五一年）
ジョン・ダワー『増補版　敗北を抱きしめて』三浦陽一・高杉忠明訳，岩波書店（二〇〇四年）
ジョン・トーランド『大日本帝国の興亡5　平和への道』毎日新聞社訳、早川書房（二〇一五年）
菅原英雄他『「旧海軍厚木航空隊事件」名誉回復運動結果報告』（一九七二年）
住本利男『占領秘録』中央公論社（一九八八年）
セオドア・コーエン『日本占領革命　GHQからの証言　下』大前正臣訳、TBSブリタニカ（一九八三年）
袖井林二郎『拝啓マッカーサー元帥様　占領下の日本人の手紙』岩波書店（二〇〇二年）
高木惣吉『自伝的日本海軍始末記〈続篇〉』光人社（一九七九年）
高木惣吉『高木海軍少将覚え書』毎日新聞社（一九七九年）
高橋紘・鈴木邦彦『天皇家の密使たち』現代史出版会（一九八一年）
高松宮宣仁親王『高松宮日記　第八巻』中央公論社（一九九七年）
高見順『高見順日記』勁草書房（一九六四～一九七七年）

ダグラス・マッカーサー『マッカーサー回想記　上・下』津島一夫訳、朝日新聞社（一九六四年）
竹前栄治『GHQ』岩波新書（一九八三年）
寺岡謹平「敗戰まで《太平洋戦争日記抄》」『改造』一九四九年十二月号、改造社（一九四九年）
テレビ東京編『証言・私の昭和史5　終戦前後』文藝春秋（一九八九年）
東京裁判ハンドブック編集委員会『東京裁判ハンドブック』青木書店（一九八九年）
ドナルド・キーン／オーテス・ケリー／D・オズボーン他『天皇の孤島　日本進駐記』オーテス・ケリー編訳、
サイマル出版会（一九七七年）
外山三郎『日本史小百科〈海軍〉』東京堂出版（一九九一年）
鳥尾多江『私の足音が聞える　マダム鳥尾の回想』文藝春秋（一九八五年）
内藤正中『島根県の歴史』山川出版社（一九六九年）
中村政則編『占領と戦後改革　近代日本の軌跡6』吉川弘文館（一九九四年）
中山正男『にっぽん秘録　安藤明の生涯』文藝春秋新社（一九六三）
長与善郎『遅過ぎた日記』朝日新聞社（一九五四年）
梨本伊都子『三代の天皇と私』講談社（一九七五年）
ねずまさし『象徴帝国の誕生　天皇昭和紀　下』至誠堂（一九六一年）
野坂昭如『「終戦日記」を読む』朝日新聞出版（二〇一〇年）
秦郁彦『八月十五日の空』文藝春秋（一九九五年）
春名幹男『秘密のファイル　CIAの対日工作　下』共同通信社（二〇〇〇年）
半藤一利・保阪正康『昭和の名将と愚将』文藝春秋（二〇〇八年）
半藤一利『日本のいちばん長い日』文藝春秋（一九九五年）

東久邇稔彦『一皇族の戦争日記』日本週報社（一九五七年）
東野真『昭和天皇二つの「独白録」』日本放送出版協会（一九九八年）
日暮吉延『東京裁判』講談社（二〇〇八年）
飛田勝造『國防國家の建設と勞士の錬成』私家版（一九四一年）
飛田勝造「故伴義一氏の思い出」『伴義一追想録』伴義一追想録刊行会（一九八三年）
ビックマンスペシャル『マッカーサーの日本占領　日本人の生きた20世紀を再検証する』世界文化社（二〇〇一年）
平野共余子『天皇と接吻　アメリカ占領下の日本映画検閲』草思社（一九九八年）
福富健一『重光葵　連合軍に最も恐れられた男』講談社（二〇一一年）
淵田美津雄・中田整一著『真珠湾攻撃総隊長の回想　淵田美津雄自叙伝』講談社（二〇〇七年）
古川圭吾編『昭和の快男児　日本を救った男　安藤明』講談社出版サービスセンター（二〇〇三年）
文藝春秋臨時増刊『映画読本昭和二十八年十月五日号』（一九五三年）
防衛庁防衛研修所戦史室『戦史叢書　本土決戦準備1　関東の防衛』朝雲新聞社（一九七一年）
保阪正康『昭和史の謎』朝日新聞社（二〇〇三年）
保阪正康『戦後史　七つの謎』講談社（二〇〇三年）
保阪正康『敗戦前後の日本人』朝日新聞社（二〇〇七年）
保阪正康『ナショナリズムの昭和』幻戯書房（二〇一六年）
細川護貞『細川日記』中央公論社（一九七八年）
マーク・ゲイン『ニッポン日記』井本威夫訳、筑摩書房（一九六三年）
マーク・ゲイン『新ニッポン日記』久我豊雄訳、日本放送出版協会（一九八二年）
増田一悦「天皇制護持への奔走」『潮』一九七三年八月号、潮出版社（一九七三年）

松浦総三『占領下の言論弾圧』現代ジャーナリズム出版会（一九六九年）
松江市史編集委員会編『松江市史』松江市（二〇二〇年）
松尾寿他『島根県の歴史』山川出版社（二〇〇五年）
松前重義『その後の二等兵』東海大学出版会（一九七一年）
松前重義『私の履歴書文化人17』日本経済新聞出版（一九八四年）
松本清張『日本の黒い霧　松本清張全集30』文藝春秋（一九七二年）
水沢透「KATOH機関と大安クラブ」『朝日ジャーナル』一九七六年十月十日臨時増刊、朝日新聞社（一九七六年）
宮崎学『不逞者』角川春樹事務所（一九九八年）
森詠『黒の機関』徳間書店（一九八五年）
森岡寛「厚木航空隊かく戦えり」『丸』八月別冊「終戦と本土決戦」潮書房光人社（二〇一五年）
安田雅企『追跡・M資金　東京湾金塊引揚げ事件』三一書房（一九九五年）
山岡明『庶民の戦後　生活編』太平出版社（一九七三年）
山田泰二郎『アメリカの秘密機関』晩聲社（一九七六年）
山田盟子『占領軍慰安婦　国策売春の女たちの悲劇』光人社（一九九二年）
山形道文『われ判事の職にあり』文藝春秋（一九八二年）
吉田茂『回想十年　第四巻』東京白川書院（一九八三年）
歴史学研究会編『日本史史料5　現代』岩波書店（一九九七年）
ロベール・ギラン『日本人と戦争』根本長兵衛・天野恒雄訳、朝日新聞社（一九九〇年）

1945年	8月8日	ソ連、対日宣戦布告。
	10日	ポツダム宣言受諾に関する第一回聖断。
	13日	厚木航空隊司令小園安名大佐、抗戦の気持ちを士官に伝える。
	14日	御前会議でポツダム宣言受諾を決定（第二回聖断）。小園大佐、海軍各方面に電文。
	15日	午前一一時、小園大佐、基地内の隊員に訓示。
		正午、玉音放送（終戦の詔勅）。
		鈴木貫太郎内閣総辞職。
	17日	東久邇宮稔彦内閣成立。
	18日	内務省、占領軍向け性的慰安施設設置を地方長官に指令。
	19日	降伏軍使を乗せた緑十字機、木更津飛行場を出発。
	20日	マニラから帰途の緑十字機、静岡・天竜川河口付近に不時着。
		高松宮、海軍省で厚木航空隊菅原英雄中佐らを説得。
		新宿に「尾津マーケット」できる。
	21日	小園大佐、野比海軍病院に入院。厚木航空隊、武装解除。
	26日	朝、佐藤六郎大佐らと大安組による厚木飛行場の飛行機の撤去終了。海軍省から大安組へ感謝状。
		特殊慰安施設協会できる。

28日　連合国軍先遣隊、厚木基地に到着。
30日　マッカーサー、厚木基地に到着。
9月2日　戦艦ミズーリ号で降伏文書調印。
11日　戦争犯罪人三九人に逮捕命令。東條英機が自殺未遂。
27日　天皇、マッカーサーを訪問。
10月初旬　安藤明、大安クラブを開設。
この頃、万年東一、新宿武蔵野館よりスト破りの依頼を受ける。
9日　幣原喜重郎内閣成立。
15日　治安維持法廃止。
16日　東京露天商同業組合（理事長・尾津喜之助）。
17日　中国国民政府軍、台湾に上陸開始。
23日　第一次読売争議。
24日　国連憲章発効（国際連合発足）
11月6日　GHQ、持株会社解体に関する覚書。
14日　安藤明、松前重義とともに高松宮邸を訪問。
19日　GHQ、荒木貞夫、真崎甚三郎ら一一人の逮捕を命令。
20日　天皇、靖国神社行幸。
12月2日　GHQ、梨本宮守正、広田弘毅、児玉誉士夫ら五九人の逮捕を命令。
6日　GHQ、近衛文麿、木戸幸一らの逮捕を命じる。
15日　GHQ、国家と神道の分離を指令。
17日　婦人参政権実現。

		20日	小佐野賢治、東洋自動車工業を国際商事に称号変更。熱海ホテル、山中湖ホテル、強羅ホテルを買収し観光事業に乗り出す。この時、五島慶太と知遇を得る。
		24日	安藤明、高松宮邸を訪問。
		25日	大安クラブにてクリスマスパーティ開催。
		28日	安藤明、GHQバーナード・フィッシャー大尉を伴い高松宮邸を訪問。
		29日	農地調整法改正布告。
		31日	安藤明、須知要塞、大石三良とともに天皇側近の木下道雄を訪ね、ダイク准将の言葉を記したメモ「安藤文書」を手渡す。
1946年	1月	1日	天皇、神格化否定（人間宣言）の詔書。
		4日	軍国主義者の公職追放。超国家主義団体の解散命令。
		9日	安藤明、高松宮邸を訪問。
		20日	東京・板橋で大量の隠匿物が発見される。
		21日	GHQ、公娼廃止に関する覚書。
		25日	マッカーサー、アイゼンハワー陸軍参謀総長に天皇の免責を訴える電報を打つ。
	2月	17日	金融緊急措置令、食糧緊急措置令公布。
		19日	天皇の全国巡幸始まる。
	4月	10日	婦人参政権実現後、初の衆議院総選挙。
		19日	東京湾から大量の金塊が見つかる（M資金？）。
		22日	アメリカが沖縄民政府設置。

25日　安藤明、高松宮邸を訪問。

5月
1日　大安クラブ閉鎖。「分とんぼ」と改称。
3日　メーデー復活、皇居前に五〇万人。
12日　東京裁判（極東国際軍事裁判）開始。
19日　赤旗を掲げた民衆が皇居に乱入。
20日　食糧メーデー、プラカード事件。
22日　マッカーサー、「暴民デモ許さず」と声明。
24日　第一次吉田茂内閣成立。

6月
11日　第二の玉音放送（食糧難克服に関して）。
12日　安藤明、ジャーナリストのマーク・ゲインを伴い高松宮邸を訪問。
13日　安藤明、GHQに逮捕される。
18日　政府、社会秩序保持声明。
　　　極東国際軍事裁判所首席検事キーナン、ワシントンで天皇を戦争犯罪人としないと言明。

7月　第二次読売争議。
10月21日　第二次農地改革実施。
11月3日　日本国憲法公布。
12月26日　安藤明、府中刑務所を出所。

1947年
1月31日　小佐野賢治、社名を「国際興業」に。以後、交通・観光事業を活性化。
　　　マッカーサーの2・1ゼネスト中止声明。
5月3日　日本国憲法施行。

1948年	12月22日	改正民法公布（家父長制廃止）。
	1月26日	帝銀事件。
	3月10日	芦田均内閣成立。
	9月	小佐野賢治、ガソリンの不正使用の疑いでGHQより有罪判決。
	10月	大安組倒産。
	7日	「昭電疑獄」事件の責任をとり芦田内閣総辞職。
	19日	第二次吉田内閣成立。
	11月12日	東條英機ら七人に絞首刑判決。
	12月24日	児玉誉士夫釈放。出獄後、鳩山一郎の自由党に巨額の資金を提供。
1949年	2月16日	第三次吉田内閣成立。
	7月4日	マッカーサー、「日本は共産主義東進阻止の防壁」と演説
	5日	下山事件。国鉄総裁・下山定則が失踪、翌日未明に轢死体で発見。
	15日	三鷹事件。三鷹駅構内で無人列車が暴走。
	8月17日	松川事件。脱線事件が起こり労働組合員を逮捕。その後の裁判で全員が無罪に。
	10月1日	中華人民共和国成立。主席に毛沢東。
1950年	1月1日	マッカーサー、日本国憲法は自衛権を否定せずと声明。
	5月30日	人民広場事件。日本共産党を支持するデモ隊と占領軍が皇居前広場で衝突。
	6月25日	朝鮮戦争勃発。
	8月10日	自衛隊の前身である警察予備隊が発足。
		この年、小佐野賢治、田中角栄が社長を務める長岡鉄道に車両を提供。親交を深める。
1951年	4月11日	マッカーサー、GHQ最高司令官罷免。

1952年	8月6日	第二次公職追放解除。鳩山一郎、岸信介、緒方竹虎、正力松太郎ら。
	9月8日	サンフランシスコ対日講和条約・日米安全保障条約調印。被占領が解除。
	2月28日	日米行政協定調印。在日占領軍に施設の自由使用を認める。
	4月28日	GHQ廃止。対日講和条約・日米安保条約発効。
	5月1日	血のメーデー。デモ隊と警官隊が皇居前広場で衝突。
	7月21日	破壊活動防止法が公布施行。
	10月15日	警察予備隊が保安隊に。
1953年	2月1日	NHKテレビの本放送を東京で開始。
	7月27日	朝鮮戦争休戦協定署名。
	12月25日	奄美群島が日本に返還。
1954年	3月1日	第五福竜丸ビキニ環礁付近で被爆。
	7月1日	防衛庁・自衛隊発足。
	11月3日	映画『ゴジラ』（東宝）公開。
	12月7日	吉田内閣総辞職。
	10日	第一次鳩山一郎内閣成立。
1955年	8月6日	第一回原水爆禁止世界大会が広島で開催。
	11月14日	日米原子力協定調印。
	15日	自由民主党結党。社会党との五五年体制がはじまる。
1956年	12月18日	日本、国際連合に加盟。
	12月23日	石橋湛山内閣成立。
1957年	2月25日	第一次岸信介内閣成立。

1959年	3月28日	日米安保条約改定阻止国民会議結成大会。
	4月10日	皇太子明仁親王と正田美智子が結婚。
1960年	6月15日	全学連主流派国会突入、樺美智子死亡。
	7月19日	第一次池田勇人内閣成立。
1962年	8月15日	安藤明死去。

や・ら・わ

ま

な

は

さ

た

か

索引

A-Z

あ

山田邦紀（やまだ・くにき）
一九四五年、福井県敦賀市生まれ。
早稲田大学仏文科卒業。夕刊紙『日刊ゲンダイ』編集部記者として三十年間にわたって活動、現在はフリー。編著書に『明治時代の人生相談』（幻冬舎）他。共著書に『東の太陽、西の新月』『明治の快男児トルコへ跳ぶ』（いずれも現代書館）。著書に『ポーランド孤児・「桜咲く国」がつないだ765人の命』『軍が警察に勝った日』『岡田啓介』『今ひとたびの高見順』（いずれも現代書館）など。

坂本俊夫（さかもと・としお）
一九五四年、栃木県宇都宮市生まれ。
早稲田大学大学院文学研究科修了。フリーライター。共著書に『東の太陽、西の新月』『明治の快男児トルコへ跳ぶ』（いずれも現代書館）。著書に『シリーズ藩物語　宇都宮藩・高徳藩』『大相撲の道具ばなし』『浄瑠璃坂の仇討ち』『おてんとうさんに申し訳ない　菅原文太伝』（いずれも現代書館）など。

「昭和《しょうわ》鹿鳴館《ろくめいかん》」と占領下《せんりょうか》の日本《にほん》
ジャパンハンドラーの源流《げんりゅう》

2022年 8月20日　第1版第1刷発行

著　者　山田邦紀＋坂本俊夫
発行者　菊地泰博
発行所　株式会社 現代書館
〒102-0072　東京都千代田区飯田橋3-2-5
電話 03-3221-1321　FAX 03-3262-5906
振替 00120-3-83725
http://www.gendaishokan.co.jp/

印刷所　平河工業社（本文）
東光印刷所（カバー・表紙・帯・別丁扉）
製本所　積信堂
装　丁　桜井雄一郎

ISBN978-4-7684-5924-9
定価はカバーに表示してあります。

乱丁・落丁本はお取り替えいたします。

現代書館の本

山田邦紀・坂本俊夫　著
東の太陽、西の新月
日本・トルコ友好秘話「エルトゥールル号」事件

一八九〇年九月十六日夜半、オスマン帝国（現トルコ共和国）の軍艦が紀州沖で遭難、五八七名が死亡した。紀伊大島の島民は何の打算もなく無私無欲で必死に救援し、日・土友好の絆は今も深く続く。他国人との交流の原点を描いた感動史話。

定価一八〇〇円＋税

山田邦紀・坂本俊夫　著
明治の快男児トルコへ跳ぶ
山田寅次郎伝

トプカプ国立博物館に甲冑師明珍作の鎧兜、豊臣秀頼の陣太刀がある。寅次郎がオスマン帝国皇帝に献上したものだ。茶の湯の家元で、実業家でもあり、トルコ艦船遭難時、トルコに義捐金を持参し、日・土友好の架け橋となった明治快男児の生涯。

定価一八〇〇円＋税

山田邦紀　著
軍が警察に勝った日
昭和八年、ゴー・ストップ事件

昭和八年、信号無視の陸軍兵士を警官が注意、些細な口論が死者まで出す巨大権力闘争に発展。戦争は軍人の怒声ではなく正論の沈黙で始まった！〈もの言わぬ忖度大国・日本〉への戦前史からのメッセージ。**中島岳志氏・毎日新聞書評絶賛！**

定価二二〇〇円＋税

山田邦紀　著
岡田啓介
開戦に抗し、終戦を実現させた海軍大将のリアリズム

日米開戦に反対し、東條英機内閣と命がけで闘った海軍大将がいた！　日露戦争ではバルチック艦隊と戦い、首相時代に二・二六事件に遭遇した激動の人生を詳解した評伝。早期終戦を求め闘い続けた、戦前史で最もドラマチックな男の全貌を活写。

定価二四〇〇円＋税

坂本俊夫　著
浄瑠璃坂の仇討ち

赤穂浪士の討ち入りに先立つこと三〇年、「江戸三代仇討ち」のひとつ「浄瑠璃坂の仇討ち」があった。宇都宮奥平家の旧臣四二人が栃木宇都宮・山形上山・東京市谷を舞台に戦ったが、経過の定説はなかった。史料を駆使し真相に迫る。**磯田道史氏絶賛！**

定価二〇〇〇円＋税

坂本俊夫　著
おてんとうさんに申し訳ない
菅原文太伝

不遇の脇役時代を経て映画スターへと上りつめ、晩年は有機農業にいそしみ、戦争反対を強く訴え続けた菅原文太氏の人間像に迫る。その芯の通った生き様と、文太ファンである著者の熱い文章とに心打たれる。**スタジオジブリ鈴木敏夫氏推薦！**

定価一八〇〇円＋税

定価は二〇二一年七月現在のものです。